周星增，男，1962 年 11 月生，汉族，浙江乐清人。毕业于江西财经大学，曾先后在贵州工学院、温州大学任教。1988 年 11 月加入中国民主同盟。现任上海建桥教育集团有限公司、上海建之桥企业发展有限公司、上海建桥学院董事长。上海市第十二、十三、十四、十五届人大代表，中国民办教育协会副会长，上海市民办教育协会副会长，上海市工商联民办教育商会会长，中国围棋协会副主席，上海围棋协会主席，上海市儿童健康基金会副会长，民盟上海市第十二届委员会常委，民盟上海市第十三届委员会副主委。先后被中央统战部等单位评为全国全面建设小康社会作贡献先进个人、优秀中国特色社会主义事业建设者，获得"上海市慈善之星"、"上海市关爱儿童健康公益之星"、"上海市两新组织党建之友"等荣誉称号，被民盟中央授予"先进个人"，被上海市民政局授予抗震救灾捐赠特别奖。个人出版专著《十年铸剑》等。

廿年磨剑

我的办学心路与感悟

周星增 著

复旦大学出版社

内容提要

本书收录了上海建桥学院董事长周星增先生2010年9月至2019年12月期间，在各种公开场合发表的演讲、讲话、致辞、发言、提案等重要文稿74篇，实录了作者近十年的办学心路与感悟。全书共分七章。第一部分为教育希望，收录作者面向青年学子、青年才俊所作的励志演讲；第二部分为教育使命，收录作者内部治理重要讲话；第三部分为教育责任，收录作者出席各种社会活动时的致辞、参加各种座谈交流时的发言，以及担任上海市人大代表时提交的提案等。

序言
善者大道

　　十年前,周星增先生请我为他的书作《十年铸剑》写序。光阴荏苒、日月如梭,转眼十年时间过去了,周星增新书《廿年磨剑》即将出版,他再次请我作序。2019年9月6日,我实地走访了建桥临港新校区,与他探讨当前中国民办高校发展之道,相谈甚欢。书如其人,从"铸"到"磨",一字之变,已见作者的修为又跃升了一个新境界。

　　本书收录了作者2010年9月至2019年12月期间,在各种公开场合发表的演讲、致辞、发言、提案等重要文稿70余篇,实录了作者近十年的办学心路与感悟。全书共分七章:第一章收录了面向莘莘学子、青年才俊所作的励志演讲;第二章展示了建桥的办学理念、校训内涵、雷锋精神、做事处世风格;第三章诠释了建桥特色的育人理念;第四章和第五章集合了内部治理、民主管理重要讲话;第六章分享了出席各种社会活动时的致辞、发言,参加各种交流活动时的即兴讲演;第七章选编了每年向上海市人大提交的提案,等等。内容涉及各个方面,丰富地呈现了作者承担多重社会职责的认知、践行,以及他成功创业的体悟。言为心声,作者的人格魅力也由此跃然纸上。

　　我曾说过,建桥的成功,除了时代机遇和政策环境等因素之外,离不开周星增这么一位远见卓识的董事长。结合十多年来对上海建桥学院的持续关注、对周星增本人不断深入的了解,我乐于向广大读者再次推介这位潜心办学的"磨剑"者。

不平凡的善者

　　不少业内朋友都知道,周星增的座右铭是"平凡善者,从我做起"。他给广大师生、亲友题字留念时,也常写"以善为本,做个好人"以资共勉。一个"善"字,源于母亲对他的言传身教。

周星增出生在温州乐清柳市湖头村一户普通农家。周母是一位平凡的农村妇女,在当年家境十分清贫的情况下,她情愿自己吃苦,也要扶贫济困,还曾把落难乞讨的三位异乡母女接到家中长期救助……这些点点滴滴的善举,让儿时的周星增耳濡目染,得到深入心灵的滋养。在周星增创业成功之后,周母还是省吃俭用,把儿子孝敬的钱财用来资助乡邻、修桥铺路,还鼓励周星增办大学和养老院。母亲的期望成为周星增一生的追求,二十年来,他沐风栉雨,砥砺前行,乐此不疲。

作为一名改革开放的同行者,周星增的人生足迹响应时代节拍,高考恢复、市场经济兴起、中国民办教育事业蓬勃发展,让他成为村里的第一名大学生、温州大学第一个下海从商的教师、外来企业家沪上办学的第一人……对此,周星增深切感悟,他说:"建桥有今天的成绩,不是我特别有能耐,而是机遇大于努力。有的人以为我在说客套话,其实我真有一种很深的感恩情结。"

周星增认为,做事以人为本,做人以善为本,善心的外化就是感恩。感恩是一个人最起码的素质。懂感恩的人才会滴水之恩涌泉相报,才会对别人友善关爱,做什么事都会有责任心。经十年践行,逐步凝炼而成的校训"感恩,回报,爱心,责任"成为广大师生的共识。

2005年,周星增曾到辽宁抚顺雷锋学校,担任该校的课外辅导员。回建桥后经过一番深思,他倡导设立雷锋奖章。当时,也有很多人不理解,认为学雷锋落伍了。周星增却认为,雷锋就是一位"平凡善者",学雷锋永不过时。当前大学教育已经从精英教育转向大众教育,名牌大学、重点大学的目标可能是培养钱学森式的领军人才、国家栋梁,但社会同时需要一大批踏实勤奋、敬业爱岗、乐于奉献、雷锋式的劳动者。在周星增坚持弘扬推广下,十多年来学校通过各种创新举措,使学雷锋活动常态化、长效化、全覆盖,逐步深入人心,成为学校的一种文化,现已成为学校培育践行社会主义核心价值观的重要载体与特色德育项目,得到了广大师生员工的积极响应、自觉践行,获得了教育部、上海市各级奖励,涌现出一批西部支教、扶贫助学、见义勇为等具有广泛影响力的好人好事。2017年,建桥雷锋馆正式建成,面向校内外免费开放,与雷锋铜像、雷锋广场形成临港大学城一道亮丽的风景线。

校训内涵与雷锋精神的高度一致,体现了周星增坚持社会主义办学方向、坚持立德树人根本任务、坚持"为学生建成才之桥,为教师建立业之桥,为社会建育人之桥"的办学使命。

在校外,周星增先后捐建了37所希望学校(烛光学校),资助了一批贫困学生,每年暑假举办"烛光照亮未来"公益夏令营,已资助全国各地数百名贫困生来沪参加活动;持续十多年赞助中国女子围棋最高规格的赛事"建桥杯"……这些数不清的善举、善行,串联起周星增不平凡的人生,实现了他自身的座右铭。

爱教育的智者

一个人,特别是农家子弟、普通家庭的子女,只有接受良好的教育,有知识,有文化,才有可能改变落后的命运,过上更好的生活。同样,一个民族的崛起,中国梦的实现,很大程度上也取决于国民的整体素质。周星增深知办学的艰难,"战战兢兢,如履薄冰"这是他20年来的真切感受。生怕稍有不慎出了差池,有负学生的选择、家长的厚望、社会的期待、政府的要求。

有一年,曾发生老师把学生的"74分"误登记为"47分",导致学生补考的教学事故,周星增在隆重的毕业典礼上郑重向全体学生道歉,深以为耻,并要求全校教职员工引以为戒。每年9月开学,周星增都要亲自为新生上第一节课,诠释校训、桥文化、雷锋精神;每年6月,他都要亲自为毕业生送上祝福。深邃睿智的思想,风趣幽默的讲演,大学生们亲切地说这是"星哥开讲"。

除了亲力亲为之外,周星增更注重现代大学制度建设。20年来,建桥长期面临办学经费紧张、资源紧缺、人员精简、转型发展的巨大困难与挑战,周星增坚持"教学以学生为本,办学以教师为本",推动学校不断完善法人治理结构,妥善处理好董事会、校长和党组织三者关系,积极发挥教代会的作用,有效调动校内各方力量共同办学。他对党组织在民办高校发挥政治核心、保障监督、推动促进、服务协调等作用抱以很高热情,大力支持,多次公开发表对民办高校党建工作的认识:民办高校应该而且必须建立党组织;党组织在民办高校中的作用不可替代;学校举办者支持党组织开展工作责无旁贷。他在连续担任上海市人大代表期间,认真履职,积极提交社会民生、民办教育等领域的议案和建议案,对推动民办教育政策环境优化、争取民办学校与公办学校平等地位等做出了积极贡献。在担任全国民办教育协会副会长、上海市工商联民办教育协会会长、上海市民办教育协会副会长等职务期间,他也大力为民办教育事业的改革发展奔走、呼吁,提出了积极的建设性意见,取得了积极成效。

可期待的建桥

筹办之初,周星增就确定了应用型的办学定位,在20年的办学实践中,他始终坚持这个定位不动摇。

2013年学校通过教育部本科教学工作合格评估以后,在周星增的大力倡导下,学校持续完善董事会领导下的校长负责制,积极推行科学决策、民主管理,从学校校训、办学定位、办学使命、质量方针到发展目标及各阶段工作重点,处处体现人才培养中心地位。学校积极响应地方高校转型发展要求,高度重视教育教学,坚持把教书育人作为最基础、最根本、重中之重的工作来抓,始终强调人才培养是中心,不断强化本科教育的基础地位、教学质量的核心地位,形成了领导层层重视、上下各有分工、院部各负其责的机制,学校党政一把手切实履行教学质量第一责任人的职责,确保了教学工作的中心地位。全校坚定地走以质量提升为核心的内涵式发展道路,紧紧围绕"以学生为中心"开展一系列改革,大力提升人才培养水平,为区域产业结构转型升级和产业技术进步提供了人才支持。

学校把学习和弘扬雷锋精神作为落实和践行社会主义核心价值观的具体行动,培养学生服务人民、助人为乐的奉献精神,干一行爱一行、专一行精一行的敬业精神,锐意进取、自强不息的创新精神,艰苦奋斗、勤俭节约的创业精神。学校已累计向社会输送4.5万名合格毕业生,建桥学子因"毕业即就业,上岗即上手,发展可持续"而深受用人单位欢迎。近几年就业率始终稳定在98%以上,在上海高校中名列前茅。建桥毕业生都非常踏实,心不大、眼不高、手不低、坐得住,用人单位满意度高位稳定。学校先后获评全国群众体育先进单位、上海市文明单位、上海市花园单位、上海市促进就业先进集体。2015年,建桥与上海交大同时获评全国文明单位。

1999年,周星增最早在康桥办学时,一直就有把学校升格为大学的梦想。但当时康桥校园面积仅487亩,达不到教育部要求。2013年,周星增毅然决定搬来临港,校区扩大为800亩。机遇总是垂青有准备的人。2019年8月,党中央决定增设中国(上海)自由贸易区临港新片区,这就为建桥创造了更为广阔的发展空间,当然,建桥同时也面临着更高层次的诸多挑战!

我相信,在周星增的带领下,在全体建桥人的齐心努力下,建桥大道将越走越宽广。

中国民办教育协会会长,第十、十一、十二届全国人大常委,第十一、十二届全国人大教科文卫委员会原副主任委员,中国民主促进会中央委员会原副主席

2019.12.8 于上海

目 录

序言　善者大道

第一章　寄语青年 ……………………………………………… 1
　　确立目标　摆正心态　勤于思考 / 3
　　梦想引领成功 / 5
　　上善若水 / 9
　　梦想与现实　羞愧与自责 / 11
　　独立与自由 / 15
　　勇敢与示弱 / 19
　　比生命更宝贵的 / 24
　　人生苦短 / 27
　　这个世界需要能人，更需要好人 / 31
　　学做"人中人" / 33
　　幸福是什么 / 37
　　敢为天下先 / 40
　　传承与发展温州精神 / 43
　　敢做梦，会逐梦，能筑梦 / 46

第二章　建桥精神 ……………………………………………… 49
　　奉献中国：建桥的故事 / 51
　　以高度的责任感和事业心投入工作 / 64
　　继续发扬建桥"实干"精神 / 66
　　建桥人要善于在逆境中创造奇迹 / 67
　　谈谈四个"回归" / 68

第三章　育人理念 …… 71

用心建桥 / 73
牢记办学宗旨　服务师生社会 / 77
以学生为中心 / 78
教育事业是一项良心工程 / 81
作风　师风　学风 / 84
学雷锋要融入人才培养全过程 / 87
立德树人谈责任 / 89
学生成材离不开劳动历练 / 92
烛光照亮未来　梦想改变命运 / 95

第四章　内部治理 …… 99

党建工作非常关键 / 101
持之以恒、常抓不懈才有好效果 / 103
找准问题、有的放矢再上新台阶 / 104
怎样在阻力和困难面前葆有改革热情 / 106
加强班子能力建设 / 108
抓大放小切实解决重点问题 / 109
实现学校治理能力和治理水平的新跨越 / 111
牢记使命　不忘初心 / 113
党组织在民办高校的作用不可替代 / 115
高站位　高品质　高效率 / 117
直面挑战　迎接机遇 / 118
队伍建设是重中之重 / 120

第五章　民主管理 …… 121

切实保障教职工知情权、参与权和表达权 / 123
拒绝"混"文化 / 125
民营　民生　民主 / 129
共生　共荣　共进 / 133

第六章　交流分享 …… 135

只要努力，脚总比路长 / 137
追忆李国豪院士 / 140

孝是感恩之本 / 143
我的围棋情缘 / 144
智力运动可以提高智商和情商 / 147
促进沟通　增进情谊　相互激励　共同进步 / 149
创建文明单位,不断提升办学软实力 / 151
感恩 / 153
充分发挥民营活力　创新推动事业发展 / 156
扬帆临港 / 159
扩大交流　惠及师生 / 160
交流分享,推动商务流通行业发展 / 161
努力争取最大公约数　推动民办教育新发展 / 163
凝聚智慧　携手共进 / 166
民办教育商会的工作定位 / 168

第七章　心系民生　171

关于率先在上海民办学校试行招生制度改革的建议 / 173
呼吁加快上海民办教育立法进程 / 176
关于妥善处理民办高校财政扶持若干问题的建议 / 179
全面实施"085"工程,推进高水平民办大学建设 / 181
关于学历文凭、学位证书遗失可以补发的建议 / 183
关于加强上海民办高校学报建设的建议 / 185
关于协调解决上海高校宿舍多终端上网的建议 / 187
关于完善上海地铁16号线运营方案的建议 / 189
关于引进台湾高校师资弥补上海民办高校优质师资不足的建议 / 191
关于在二次供水环节加强供水水箱改造的建议 / 193
关于加快民办高校教师队伍博士化的建议 / 195
关于采取切实有效措施遏制外卖污染的建议 / 197
关于建立高校学生伤害纠纷第三方处置机制的建议 / 199
关于加强上海学前教育男幼师队伍建设的建议 / 201
关于优化民办高校年度检查工作的建议 / 203

第一章
寄语青年

◉ 新生第一课

确立目标　摆正心态　勤于思考*

2011届的本科毕业生们：

大家上午好！

时光荏苒，转眼之间，美好的四年大学时光就要结束了。我仍记得四年之前的新生入学典礼，当时台下一张张都是略显青涩的面孔，充满着对知识的渴望，对大学生活的向往；今天，台下的各位已多了几分成熟，带着四年的知识积累和历练，即将走上一段新的征程。

作为这所学校的董事长，一年到头算下来，我参加的校方活动其实很少，但不管怎么忙，除了一年两次的董事会之外，学校每年的两项活动我无论如何都是要来参加的，一个是9月的新生开学典礼，还有一个就是6月的毕业典礼。每当看到新生的朝气蓬勃和毕业生的踌躇满志，我就由衷地感受到投身教育带来的满足和喜悦。

今年已经是建桥第二次举办本科生毕业典礼了，共有11个本科专业、计1 200余名毕业生将顺利拿到学位证书，比去年多了五六百人。这个数字上的绝对增长也旁证了建桥良好的发展态势。我一直认为，检验一所高校尤其是民办高校办得好不好，最终要取决于这所学校培养出来的学生。我衷心地希望在座的每一位，都能凭着这四年积累的知识和技能，到社会上大展拳脚，发扬建桥学子的风采。

在这里，我谈三点想法，与诸位同学共勉。

一是要尽快确立好下一阶段的目标。不论是求职还是深造，都应尽快给自己确立一个目标，这个目标可以有近有远，只有目标确立好了，毕业后的新征程才会有一个明确的方向。在实现目标的过程中，可能会碰到很多艰难险阻，在此，我希望每一位建桥学子都能做到不轻言放弃、不轻易气馁，因为每次披荆斩棘、攻坚破难的过程，都能给自己带来一种前所未有的满足感。

二是要尽可能保持一种正确的心态。在座的同学中有很多是选择就业的，踏上工作岗位后，会发现社会与校园的环境存在很大的差异，自己接触的人和事可能不再像大学里那么单纯，甚至会直面很多不公平的现象，如能力比自己

---

* 本文为2011年6月11日在2011届本科生毕业典礼上的讲话。

差的反而先提拔了。在此,我希望每一位建桥学子都能有一种良好的心态,始终秉承一颗"本我"之心,坚定地走自己的路,是金子总会发光。

三是要多抽点时间思考人生。记得一位哲人说过:"生命并不长,别再赶时间了。"毕业之后,除了工作,生活中还有很多值得眷顾、眷恋的东西。整天忙忙碌碌,只会让自己成为时间的奴隶,我们要经常停下脚步,静静地问自己:"我所做的事是我自己真正喜欢的吗?我所做的事是有意义的吗?"一个人只有做自己喜欢的、有意义的事,这样的人生才会真正幸福。

最后,我祝在座诸位同学都能取得成功、收获幸福,同时,希望你们今后常回来看看,母校的大门永远为你们敞开!

谢谢!

梦想引领成功[*]

各位同学、各位家长、各位老师：

大家好！

前段时间我一直在外地出差，考察了几个分公司，然后参加了我们援建的两所希望小学的落成典礼，前几天还带着上海30多位围棋教练，到贵州做交流，昨天才回到上海。一到办公室就见两位毕业生等在那里，想和我合影，还让我为他们写毕业寄语，最后他们还提出一个问题："周董，大家都说你是成功人士，能不能跟我们谈谈成功的秘诀？"对学生的要求，我一般都是尽量满足的。但昨天确实太忙了，我答应他们，把这个话题带到今天的毕业典礼上。

◉ 与毕业生代表合影

---

[*] 本文为2012年7月1日在2012届本科生毕业典礼上的讲话。

我相信,今天在座的各位同学人人都有梦想,人人都渴望成功,而且我相信你们会一步步走向成功。借今天这个机会,我想跟大家谈谈,我对成功的理解和我认为成功需要具备的要素,与大家分享、共勉。

什么是成功?成功的标准是什么?大多数人可能会说,成功就是当大官、发大财。几千年以来,很多中国人把升官发财作为一生奋斗的梦想,现在也有不少年轻人争着考公务员、想当官。升官发财的梦想大概是古今中外人们的普遍心理。但我有不同理解。

先说当官。在正常情况下,一个人官当得越大,就说明他的能力越强,道德水准越高,为社会做的贡献越多。但事实上现在有不少官员,唯利是图,道德败坏,徇私枉法,这样的人如果官当得越大,对社会的危害就越大,对国家的危害也越大,这样的官员不值得人们尊重。

再来说说发财。按道理讲,财富应该是一个人聪明、才智、勤劳的象征和体现,一个人越聪明,越勤快,他应得的财富就应该越多。但现在市场经济还不成熟,监管体系很不完善,出现了一些官商勾结、豪取强夺的情况。很多富人的财富来路不正,有了钱之后又到处炫富。我想,为富不仁的富人同样也不值得我们尊重。

在高校里,如果一个人评上了教授,当上了校长,应该算是成功者,但如果他的文凭是向国外某某大学买来的,论文是抄袭的,那么,这样的教授、校长也不值得我们尊重。

什么是成功呢?按照我的理解,成功的这个"成",就是完成的意思;"功",就是功德的意思;做成了有功德的事,就叫成功。什么是功德?就是利人,利他,有利于社会、国家的事,都叫有功德的事。修桥铺路、乐于助人、见义勇为、捐资办学校……这些都是有功德的事。做成了有功德的事,或者做成了善事,做成了好事,他就是一个成功者。

成功的要素是什么?因人而异,很难讲清楚。我的体会是,一个人想要收获成功,最重要的有两点。

一要坚持梦想。一个人如果没有梦想,那就是"行尸走肉"。梦想指引着我们前进的方向。心中有梦想,再苦再累,你也抗得住。再大的困难,再大的挫折,你也会坚持下去。梦想就像人生前进道路上的一盏明灯。纽约将自己的城市精神概括为"梦想与创造"。记得我读初中的时候,曾经跪在我母亲的面前发誓:"妈妈,我长大了如果不能赚很多钱给你用,我就不是人。"这是我的誓言,也是我人生最大的一个梦想。这个梦想伴我走过少年,走过青年,一直走到现在。我一生中很多的决策、行为,其实都和这个梦想有关。当时对于每一个普通农家子弟来说,改变命运的唯一方式就是读书。读书,现在仍然是很多农村小孩改变命运最主要的方式。后来我通过自己的努力,成了村里的第一个大学生。

记得当时我拿到江西财经学院(现江西财大)录取通知书,一路狂奔回家告诉母亲:"妈妈,以后大队的会计肯定是我当了!"小时候的梦想就这么简单。人在不同的阶段,梦想是不一样的。大学毕业后我当了四年大学教师,虽然很有成就感,但经济状况一直没有得到改变。我赚钱孝敬父母的梦想一直都没有忘。1992年,我知道我的机会来了。我当时是温州大学教师中第一个下海的。现在我的梦想就是,把上海建桥学院办成全国一流的民办大学。今后几年,建桥最主要的目标:一是开展研究生教育。今年下半年我们和东华大学合作,联合招收计算机技术领域的工程硕士。二是深度进行国际合作。我希望建桥校园将来出现很多黄头发、蓝眼睛的外国留学生。我们建桥学生如果想要出国深造也很方便。三是把上海建桥学院办成上海建桥大学。根据教育部规定,批一个大学,土地至少要800亩,为了实现办大学的梦想,我们建桥今后会搬到临港,临港是上海将来发展的一大亮点。梦想很重要,在不同的人生阶段,你可以根据自己的实际情况确定在每个阶段的理想,只有这样才能经历起各种各样的磨难。

成功的第二个要素是"闯"。人要有闯劲。安于现状、不思进取的人很难获得成功,很难收获精彩的人生。中文字很好玩,这个"闯"字我特别喜欢,门内一匹马,什么马,千里马! 也是指人才。门是什么?门指的是一个行业,一个领域,一些规章制度,一些旧习惯,等等。一道门,把世界分成了两半。这个门,总让人有一种很神秘的感觉。门外的人在想,门内到底是什么?是美女娇娃还是毒蛇猛兽?是金银宝藏还是危机陷阱?我们都不知道。门内的人呢,也向往外面的世界,外面到底是风和日丽还是狂风暴雨?是繁花似锦还是十面埋伏?谁都不知道。想做一个成功人士,就要像千里马那样,有破门而入的勇气,有夺门而出的胆识。只有这样,你才能闯出新的一片天地来。我特别喜欢康桥路上一家著名企业——美特斯邦威的广告语"不走寻常路"。我想,路,虽然是人走出来的,但是在这个世界上,总有别人没有走过的路,总有别人没有走完的路,总有别人没有走好的路。如果我们经常去观察、去分析,你会发现,总有某一条路最适合你。但如果我们不思进取,安于现状,不去闯,不去创新,不勇敢地往前走,我想,要获得大的成功,那是不可能的。

我相信,我们建桥的学生将来都能走向成功。大大小小的成功都在前面等待着你们。进入社会以后,未知的领域很多,你们将来碰到的困难也会很多、挫折也会很多。很多事在学校里觉得不可思议,在社会上偏偏就发生了。对此,大家都要做好心理准备。但是,只要努力,我相信,我们的脚一定比路长!

今年我们特意把毕业典礼放在7月1日举办,大家肯定会想到两个重要的日子——中国共产党建党日和香港回归日。在中国现代史上,7月1日是一个伟大的日子。对于建桥学生来讲,这同样也是一个值得纪念的日子。1999年7月1日,我们创办建桥公司。选择这个日子举办毕业典礼,也就是希望大家离开大学校园之后,热爱我们的社会,热爱我们的祖国,热爱中国共产党,热爱母校,当然,也要更加热爱自己!最后,祝各位同学走好!谢谢!

上 善 若 水[*]

各位同学、各位家长、各位老师：

大家好！

刚才一路走来，经过校训石，又看到雷锋雕像，我就想起我人生的座右铭——以善为本，做个好人。我不断地修炼，向雷锋学习，就是希望自己能成为像雷锋这样的好人，同时，我也希望我们建桥学生都能够以善为本，做个好人。

我特别崇拜桥。桥是我心目中的图腾。为什么？因为桥的品质是忍辱负重、成就他人。桥总是帮助别人到达成功的彼岸。

我想，桥也好，雷锋也好，校训也好，它的核心只有一个字，那就是善良的"善"。老子在《道德经》中说"上善若水"。我想把我对上善若水的理解与大家分享、共勉。

上善，就是至高无上的善，真正的善。水，给大家的第一个感觉就是柔美。柔，是水最主要的特征。我们经常讲伟大的母亲，很少讲伟大的父亲，为什么呢？因为母亲是温柔的女性，柔是一种更伟大、更强大的力量。我们经常讲，柔能克刚。牙齿与舌头哪个硬？牙齿比舌头硬，但牙齿掉得早。人只有停止呼吸以后，舌头才停止活动。在座各位同学马上就要进入社会，在单位里工作，做好事我们当然要带头，但是争强好胜，往往很难取得成功。尽量把功劳让给别人，甘居幕后，默默奉献，把风光、功劳都给别人，这样才能做到厚积薄发。有句话讲，人生不是赢在起点，而是赢在过程，赢在终点。如果我们能够学会水这种柔性，我们才会成为真正善良的人，真正成功的人。

人往高处走，水往低处流。这是水的一个很重要的特征。人为什么往高处走？因为站得越高，看得越远。人站在高处，是为了得到别人更多的尊重，是为了带领团队和自己身边的人走向更远的目标。那么水呢，它总是流向最低处。这种谦卑性格，很值得我们学习。水这样的风格，体现了一种真正的善。也就是说，我们在实际工作中，在现实生活中，多去帮助那些社会地位比我们低、能力比我们差的人，多去帮助那些弱势群体。一个人，如果只对那些权利比我们大、地位比我们高的人好，只对有钱人好，我想那不叫善，那叫拍马屁。只有在

---

[*] 本文为2012年7月1日在2012届专科生毕业典礼上的讲话。

我们困难的时候、落难的时候还对你好的人,才是真正的好。我也希望我们各位同学,多学习水这种谦卑的精神,多同情弱者,多帮助弱者。这样我们才能得到社会的尊重。

另外,水特别有适应能力,水善变。我们想想,水到底是什么形状?我们都不知道。我们把水放在一个长方形的容器里,它就是长方形的;把水放在一个圆形的容器里,它就是圆形的。那么,水又是什么颜色呢?我们加一点绿茶,它就变绿色;加一点咖啡,它就变咖啡色;加一点墨水,它就变黑色。所以我说,水特别能够适应环境的变化。环境需要它扮演什么角色,它就充当什么角色。同样,我们即将走向社会,社会需要我们做什么事,我们尽量就去做什么事。到了单位,领导吩咐我们做什么工作,我们尽量就去做这样的工作。只有随着环境的变化而不断变化,我们才能顺应时代的发展,适者生存。我们从事的工作与所学专业不一定对口,大家也不要急,先把眼前的工作做好,学校里学的知识总会有用的。要适应时代的变化、社会的需求。

水还有一个特性:润物无声。水做了好事,从来不声张,不需要回报。如果一个人做了一件好事就需要回报,帮助了别人就一定要听到表扬的声音,我想,这不是真正做好事,做善事。如果需要回报的好事,那就是投资。有些人平时也看到他经常做好事,但是很多人不喜欢他。为什么?他期待某种回报。我们要向水学习,做了好事不声张,做了好事不图回报,像雷锋同志一样总在默默奉献自己,这样的人才是真正的好人,真正善良的人。

一滴水可能没什么力量。但是,我们都知道海啸的威力,我们也敬畏滴水穿石的精神。一滴水的力量很微小,但是坚持下去,它就会形成一股强大的力量。就像我上午对本科毕业生所讲的内容,人要有梦想。有了梦想,你就会坚持。只有坚持不懈的努力,你才能取得成功,成就一番大事业。

同学们,我们漫长的学习阶段已经过去了。学习很辛苦,走向社会、参加工作更加辛苦。我们的成绩要一点一滴地积累,我们的阅历要一点一点地积累,我们的财富同样要一点一滴地积累。社会充满很多的未知,很多同学也跟我说,马上毕业了,心中有忐忑、焦虑,同时也有渴望。我相信,只要我们努力了,脚总比路长,再困难的路,我们也能够走到底。

今天是一个很特殊的日子,7月1日,是中国共产党的建党日,是香港的回归日。我们选择今天举行毕业典礼,也希望大家在离开校门之后,热爱我们的社会,热爱我们的国家,热爱中国共产党。上海建桥学院的举办方——建桥集团有限公司,也是在1999年7月1日成立的,所以,我也希望每一位建桥人都记住今天这个日子,常回母校看看。谢谢!

梦想与现实　羞愧与自责[*]

各位同学、各位家长、各位老师：

大家好！

前几天难得与儿子一起吃了顿晚饭。我对儿子说，在今年的毕业典礼上，我想与同学们谈谈梦想与现实。儿子说："你能不能谈谈你的梦想与现实呢？"于是就有了今天这个主题。

我们之所以能克服种种困难、克服重重阻力不断前行，就是因为心中的梦想。一个人如果没有了梦想，就没有了生活的情趣，没有了工作的动力，就会迷失前行的方向。梦想是人生道路上的指路明灯。我们之所以好好学习、努力工作，就是为了实现心中的梦想。怎样才能实现心中的梦想？我想谈几点看法。

梦想需要坚持

在"建桥杯"中国女子围棋公开赛十周年的宣传画报上，我特意叫工作人员写上"持续就是影响，坚持就是力量"。实现梦想很难，正因为难，才需要我们坚持不懈。不坚持，梦想只能是幻想。

前几年我在韩国参加一个培训班。有一天老师拿出一块纪念币，对我们说："谁想要这块纪念币的理由最充分，我就给谁。"于是我们40多位同学都说出了自己的理由。老师说："你们的理由都不充分，请继续。"第二轮已经只有20多位同学在说理由了，老师仍说"理由不充分，请继续"。第三轮、第四轮……坚持说理由的同学越来越少。当我坚持说出第21个理由的时候，老师把这块纪念币给了我。他说："这个实验的目的，不是看谁的理由最充分，而是看谁能坚持到最后。"只有我坚持了21次，于是也只有我得到了它。今天我把这个故事告诉同学们，希望你们在实现梦想的旅途中坚持再坚持。

---

[*] 本文为2013年6月29日在2013届本科生毕业典礼上的讲话。

梦想需要创新

我很喜欢美特斯邦威的广告词"不走寻常路",不走寻常路才会走出精彩的人生。我更喜欢湖南大学的校训"敢为天下先",只有敢闯的人才会做出一番大事业。我们一定要用发展的思路、创新的理念确立人生的梦想。这样的梦想,虽然一时不被人理解,但正因为它与现实有一定距离,有一点超前,有一点创新,才体现了梦想的价值。别人没想到、想不到,你想到了、做成了,这才了不起。

办一所全国一流的民办大学、办一所全国一流的养老院,一直是我人生最大的梦想。如果问我还有什么梦想的话,那就是到美国去发展麻将业。这几年中国在崛起,很多老外都以会几句中文、懂一点中国文化为傲。而麻将是中国古老的游戏之一,学麻将的外国人现在越来越多了,据说美国现在麻将教练的工资是每小时20美元。如果我们在美国办一所麻将培训学校,开一个麻将馆,办一家生产麻将和自动麻将机的工厂(当然也可以把工厂办在国内),这是多么有潜力的一个产业?想想如果教会一千万个美国人打麻将,你可以挣多少钱?如果教会两千万、三千万美国人打麻将,你可以挣多少钱?在美国做好了,还有欧洲、非洲和大洋洲的其他国家,也许当上海建桥学院升格为上海建桥大学后,我真地会去圆这个不寻常的梦。

梦想需要付出

梦想不仅需要坚持,更需要我们为之付出。为了实现梦想,不仅需要我们付出汗水与泪水,甚至需要我们付出自由、尊严、鲜血乃至生命。历史上有多少仁人志士抛头颅洒热血,为了什么?就是为了实现心中的梦想,我希望同学们深刻理解"舍得"的道理,有舍才有得,小舍小得,大舍大得,先舍后得。学会主动吃亏,学会主动示弱,最后成功的就是你!

梦想会随着人的成长而变化

记得少年的我,曾经跪在我母亲的面前发誓:"长大了我不赚很多钱给你用,我就不是人。"这个梦想激励着我发奋读书来改变命运。当我收到江西财经大学的录取通知书时,我一路狂奔回家对母亲说:"以后大队的会计肯定是我当了。""赚很多钱给母亲用"就是我青少年时的梦想,这样一个简单的梦想却激励着我的一生，左右着我的一生，也决定了我一生的命运。当然，随着自己的长大，随着认识的提高，我的梦想也逐步变为愿意为更多的人服务，为更多的人造福。

个人梦想需要融入伟大的中国梦

周二我向我校名誉校长杨福家院士汇报工作。杨福家院士表示，这次因故不能来现场参加毕业典礼，他让我带一句话给全体毕业生："希望同学们将个人梦想融入伟大的中国梦。"一个人只有把自己的前途、命运与祖国的前途、命运紧密相连，才会走得更高更远。如果一个人的梦想是损人利己的，违背社会道德的，损害国家利益的，那么，这个梦必定是错乱的梦、破碎的梦……

现实很残酷

由于经济的不景气，今年的就业压力特别大，不少同学还没找到工作；有的同学虽然找到了工作，但并不是自己喜欢的；有的同学虽然找到了自己理想的工作，却发现工作环境很不理想，你的领导很难伺候，他总把成绩归自己，把过错留给你，你的同事可能对你很不友好；父母家人虽然无微不至地关心你、爱护你，但妈妈总是那么唠唠叨叨、啰里啰嗦，父亲又是按他的方式来要求你；爱情也要经受严峻的考验，昨天还说"我爱你"，今天可能就是最后的见面。

现实很残酷，因为现实不会为你而改变，我们只能去无奈地接受。现实也很美好，关心你的人还在关心你，爱你的人还在爱你，工资还在不断地涨，竞争的环境会不断公平，民主与法制在不断推进，祖国会不断强盛。同学们，我相信，因为你们的存在，现实会改变一点点；因为你们的存在，明天会好一点点！

同学们、老师们、家长们，今天我的心情很复杂。既为同学们能顺利完成学业而高兴，也为你们离开上海建桥学院而依依不舍，更为你们今后的人生道路而牵挂。同时，也为老师和家长在你们成长道路上所做的一切而深表谢意。但此刻，我最真实的心情是羞愧与自责。

这几年上海建桥学院在很多方面还不够完善，"为学生建成才之桥"的办学使命还没有实现。我们的教育教学、管理服务还没有真正做到"以学生为中心"。教务处最近告诉我一件事：有位老师因为他自己的粗心，把同学"74分"的成绩登记成"47分"，那位同学后来参加了补考。听到这件事后，我心里一直沉甸甸的。记分错误是个严重的事故，这位老师知道错误后没向这位同学公开致歉并加以改正，这是师德的问题，是不可饶恕的错误。今天我借这个机会代这位老师和教务处向同学们道歉。

我曾经对全校教职员工说,什么叫大学?大学就是一群富有理想、具有较高学术水平、道德修养与价值追求,能引领社会时代新风的一个地方。否则,这些楼房与其他建筑物又有什么不同?大楼与大楼没有什么质的区别,关键在于大楼里生活的人,是一群什么样的人!

现在的上海建桥学院离我们心中理想的上海建桥大学还相距甚远,需要我们大家来建设她、完善她。在大学四年,建桥没能给同学们最好的教育、最优质的服务、最人性的管理,我深表羞愧和自责。但请同学们相信,我一定会与所有建桥人一起,把建桥这个家园建设得更加美丽。

同学们,人生的道路很长很长,慢慢走。请你们永远相信:只要坚持梦想,只要不断努力,脚总比路长!如果你不带走一片云彩,那就带走母校对你的爱!哪天累了,来临港的建桥新校区走一走、看一看、坐一坐!

独 立 与 自 由[*]

各位同学、各位家长、各位老师：

时间过得真快。四年前,你们伴随着上海建桥学院成立十周年的庆典来到建桥。记得在那年的开学典礼上我对你们说,拿到毕业证书是你们对父母、对学校最好的回报。今天,你们做到了。所以,请允许我代表上海建桥学院董事会向顺利毕业的各位同学表示最衷心的祝贺! 同时,也向为同学们的成长付出艰辛的各位父母及各位老师表示最衷心的感谢!

在去年的毕业典礼上我给同学们谈了"梦想与现实"。今天,我想与同学们谈谈"独立与自由"。相信大家都听说了今年上海市高考作文题目的材料是：

你可以选择穿越沙漠的道路和方式,所以你是自由的；
你必须穿越这片沙漠,所以你又是不自由的。

我觉得这是一个很有意思的题目,今天我就尝试与同学们谈谈我心中的自由与不自由。著名诗人裴多斐的"生命诚可贵,爱情价更高。若为自由故,两者皆可抛"深得大多数人的认同。曾经有记者问我："你一生最向往的是什么？"我说："在法律和道德的约束下,我最向往的是自由!"民主与自由是人类共同的追求,是社会进步与文明的重要标志。

记得1983年我大学毕业。那时候工作是包分配的,老师叫我们填一张表格。第一项内容是：你希望到哪个省份去工作。我填了海南、西藏、新疆和内蒙。第二项内容是：你希望从事什么工作。我填的是"除了教书做什么都可以"。可结果我被分配到贵州工学院教书去了,我被"剥夺"了我的追求和自由。后来我在温州大学教书,1993年的时候我辞掉了这份常人眼中的"铁饭碗"工作,为什么？因为当时我渴望自由,我需要更广阔的一片天地实现自己的人生理想。毕业后,你们的人生又将开启新的篇章。你们可以天南海北闯一闯,寻找人生的梦想；你们可以继续深造,探索知识的奥秘；你们可以找一个单位去工作,过一个安稳的生活,也可以自主创业,走一条充满艰辛但精彩纷呈的道路；

---

[*] 本文为2014年6月15日在2014届本科生毕业典礼上的讲话。

你们可以恋爱、结婚、生子,也可以选择自由自在的独身;你们可以在微博、微信上充分发表自己的观点和感悟;你们可以留在上海,留在中国,也可以在异国他乡谋生。总之,与我们那个年代相比,你们是幸运的,可以有更多选择。

一个人要找到有尊严的自由,最重要的是学会独立。应该说今天是你们的独立日。从今天起,你们不再被当作某个学校的学生,被介绍时名字前的定语"某某某的儿女"也会被删去,而是你们独立的自己。但要真正做到独立,我觉得要有三重境界。

首先要学会经济独立。巴菲特的好搭档查理·芒格曾经说过一句话:"走到人生的某一个阶段时,我决心要成为一个富有的人。这并不是因为爱钱的缘故,而是为了追求那种独立自由的感觉。我喜欢能够自由地说出自己的想法,而不是受到他人意志的左右。"我认为这句话很好地解释了经济独立的重要性。一个人只有当自己经济独立时,才能拥有自由选择的权利。有些同学一方面希望父母不要干涉自己的决定,另一方面却又依赖父母的经济资助。这其实是一种很矛盾的行为。所以我觉得在毕业之后,大家应该解决的第一件事是解决自己的收入问题。这里我还想提醒一点,就是在消费上应该符合自己的能力,而不要去攀比。如果依靠父母的钱去买奢侈品、豪车、名表,这样的行为只能让人鄙视。俗话说"欲望是填不满的沟壑",而我觉得欲望是填不满的深渊,一脚踏进去就越陷越深。我知道许多同学家境都不错,恰恰是这样的环境容易让你们放弃对人生的追求,容易沉溺于现状而不思进取,容易对危机的临近而麻木不仁。对于许多出身贫寒的同学,我希望你们不要怨天尤人,我们没有选择出身的自由,但是我们有改变自己命运的自由。

其次,同学们要学会独立思考。网络时代接受信息的渠道太广了,因此也就出现了很多谣言和骗术。这就需要我们拥有独立思考、明辨是非的能力。独立思考的能力并不是天生的,需要我们后天培养。在面对一些突发事件时,一定要记住不传谣、不信谣。用自己的逻辑思维去判断事情的真伪。人云亦云就是不成熟的象征、幼稚的表现,还不能说是一个真正独立的人。

最后,同学们应该在精神上学会独立。许多朋友时常抱怨自己无法独处。无论做什么事情都希望有人陪着,感觉一个人吃饭、旅游、看电影是件很可悲的事。实际上我认为不会独处的人恰恰是不成熟的表现。学会与孤独相处也是一种能力、一种境界。我经常说:"差异是你活着的理由,个性是你存在的价值!"我们要培养自己的个性、自己的人格、自己的精神世界。我希望同学们参加工作后还要多看书,尤其是一些名人的传记,能让你抵御孤独,在浮躁的世界中让自己的心平静下来。还有一个方法就是找到自己的兴趣爱好。大家都知道我很喜欢围棋,我之所以喜欢围棋,也是因为它的自由,棋盘361个点构成无限的可能,这是我喜欢围棋最本质的原因。这两种方法都能帮助你形成自己的人生观、世界观和价值观。希望你们能珍惜今天来之不易的自由,找到理想的人生之路。

人,又总是不自由的。我前两年去了趟美国,别人都跟我说美国很自由,但我却觉得很不自由。为什么?我抽了几十年的烟,可谓烟不离手。但是美国到处都是禁烟区,只要是室内都不能抽烟,这可把我愁坏了,让我感到非常不自由。但是我转念一想,其实自由并不是随心所欲,如果每个人都按自己的想法做事,这个社会就乱套了。想要获得自由的前提是要学会遵守法律和尊重道德。于是我也入乡随俗,老老实实戒了几天烟。孟子曰:"穷则独善其身,达则兼济天下。"自由不是随心所欲,更不是纵欲过度。作为建桥的学生,我希望你们除了独立,还要有更远大的志向,那就是肩负起自己应有的责任和义务。责任和义务就是你们的沙漠,你们必须穿越它。责任也让你们多了一层约束。但我想,有了这份责任,你们的自由才有了根基,才有了内涵。

首先,你们必须承担起对社会、对国家的责任。我最近看了部韩国电影《熔炉》,给我的触动很深。这部电影讲述的是一个学校里的聋哑幼童长期遭受性侵,施暴者却长期逍遥法外,它反映了一个深刻的社会现象,那就是掩盖真相。今天存在许多社会问题,这不可否认。但可怕的是即使全社会都知道了,这些尖锐的社会问题却像"皇帝的新衣",没有人敢于指出,而敢于说出真相的人却被世人用另类的眼光注视并被嘲讽为"冲头"。今天我们越来越习惯说"你懂的",却不敢大声地说出问题的实质。面对问题我们有了心照不宣的"默契",这并不是一件好事。我相信这个社会的改变需要每一个人的努力、每一个人的行动。这是我们每一个人对社会应尽的责任。面对暴力分子的不法行径,我们应尽自己的一份力量去阻止他们;面对社会的不公平现象,我们要敢于揭发;面对冷漠的大多数人,我们要勇于做第一个行动的人。

其次,你们必须承担起对父母、对家庭的责任。我希望同学们在走向社会后,尽量依靠自己的力量,不要把自己的人生寄托在父母、同学、朋友身上,要知道没有人有任何义务去帮助你,"自助者天助之,自弃者天弃之"。连你自己都不去帮助自己,又如何指望别人来帮你?我希望同学们能牢记校训"感恩",不要把父母给你们的一切当成理所当然,而应该学会去为家庭分忧解难,照顾好父母。只有不断地报答那些有恩于你的人,人生的自由才能得到尊重。

最后,也是最重要的一点,你们需要对自己的人生负责。人生的路需要自己去探索,没有人能告诉你们答案。每个人对于自己的人生都应该有一个清晰的规划,如果你们今天还没有明确的人生目标,我也希望你们能不停地思考这个问题,思考这个问题本身就是有意义的,千万不要放弃对自己人生的追求。

"生于忧患,死于安乐"。同学们,人生的道路很长很长,充满着艰辛和坎坷;能走多远,不在于起跑线,而在于你的坚持与付出。慢慢走,你一定能顺利穿越沙漠,到达心中的彼岸。

周董、"星哥"永远祝福你们。谢谢!

勇敢与示弱*

各位同学、各位家长、各位老师：

大家好！

今年6月21日父亲节，儿子送我一件礼物。我打开一看是一副拳击手套，里面的贺卡上写着："希望老爸永远有一颗勇敢的心。"于是那一天，我们有了一场关于"勇敢与示弱"的对话，今天我就给大家谈谈"勇敢与示弱"。勇敢与示弱是一个人必须具备的重要品质。

孔子说："智者不惑，仁者不忧，勇者不惧。"孔子希望自己的学生能具备这三种品德，成为真正的君子。在建桥的四年时间里，同学们已经学到许多专业知识，此谓"智"。但切记要达到不惑的程度，仍然需要坚持不懈地去学习。我们的校训"感恩，回报，爱心，责任"就是希望同学们有一颗关爱社会的"仁"爱之心；但是关于"勇"，我们的教育有可能有点缺失，因此我今天先给大家说说我对"勇"的理解。

不 怕 失 败

2014年5月，美国副总统拜登在美国空军学院毕业典礼上发言，提醒大家不要高估中国的影响力，"我敢说，你们说不出任何一项创新项目、创新变革以及创新产品是来自中国的"。

作为一个中国人，我们应该感到惭愧。除了老祖宗的四大发明，近几百年我们确实没有为这个世界创造什么。究其原因就是"怕失败"。我们学校的教育、家庭的教育、社会的教育都是希望我们听话，希望我们走老路，社会的体制也不允许我们失败，于是勇敢离我们越来越远，创造力也越来越差。李克强总理今年在政府工作报告中提出，"大众创业，万众创新"。但如果不允许失败，创新是空谈。如果你怕失败，也不要去创业。

---

* 本文为2015年6月27日在2015届本科生毕业典礼上的讲话。

不留后路

我想讲讲我自己的故事。

1992年12月,我带温州大学的一批学生去无锡、常州等地学习"苏南模式"。回温州时路过上海,在南京路上我被五光十色的霓虹灯深深吸引。当时我想,温州还没有霓虹灯,如果我回温州办一个霓虹灯厂,既可以把温州打扮得更加美丽,又可以实现自己创业的梦想。这个想法让我很兴奋,当晚就回旅馆写好辞职报告,勇敢地迈出了人生至关重要的第一步。当时温州大学的领导和同事,包括我的家人都反对我辞职,都劝我如果真的要下海,可以停薪留职,给自己留条后路,万一下海失败了,可以再回来继续教书。但是我做事不喜欢给自己留后路,我总觉得破釜沉舟、背水一战才能勇往直前。第一次创业办霓虹灯厂我真的失败了,但是温州大学我回不去了,我只有沿着创业的路走下去,慢慢地也做出了一份事业。

现在回想起来,"不留后路"正是我成功的关键。所谓"置之死地而后生",无路可退反而坚定了我走下去的决心。

不走寻常路

不知道大家有没有读过美国诗人弗罗斯特的一首诗《未选择的路》。诗的最后一小节是这么说的:

> 黄色的树林里分出两条路,
> 我选择了人迹更少的一条,从此决定了我一生的道路。

我很喜欢这首诗,因为我也是这样一个喜欢选择少有人走的路的人。这可能跟我的性格有关,我比较喜欢有挑战性和不确定性的事物,一条少有人走的路,会有更多意外的惊喜等待着我们去发现。

1999年,我约上几位要好的朋友,动员他们和我一起到上海来创业,他们问我到上海做什么?我说到上海办大学、办养老院、办医院。他们虽然觉得我太异想天开,但还是义无反顾地放弃了温州的事业,和我一起到上海来创业。这样的举动让很多人都觉得很惊讶,整个上海滩为之震动,就连当时的上海市委副书记龚学平都说:"谁胆子这么大,敢在高等教育这么发达的上海办大学?这个人我一定要去看一看!"后来他带着韩正、殷一璀等领导视察了建桥的工地,听了我的汇报和想法后,他说:"你放心,我们大家都会支持你的事业!"

不知不觉16年过去了,中间经历了太多的困难和挫折,我们对上海建桥学院倍加珍惜。这么多年我们也收获了很多的喜悦,收获了做人的尊严,我们看到了别人看不到的风景,我们更加信心百倍。我说过"不把上海建桥学院办成全国一流的民办大学我死不瞑目"。请同学们放心,我们从未后悔,永不言败,我们会更加努力。

关于勇敢的话题还有很多,但我想起林语堂先生的一句话:"绅士的演讲,应该像女士的裙子,越短越迷人。"下面我就谈谈人的另一个重要品质——示弱。

我最喜欢老子的"上善若水"。"水善利万物而不争,处众人之所恶,故几于道。"这是什么意思呢?他认为上善的人就应该像水一样。水造福万物,滋养万物,却不与万物争高下,这才是最为谦虚的美德。这里我想讲的"示弱"正是这个意思,不要与他人争强斗狠,有时需要主动承担错误,甚至假装糊涂。主动示弱,是一个人成功的关键。

避 免 争 论

卡耐基在《人性的弱点》一书中说到:天下只有一种方式能赢得争论的最大利益,那就是避免争论。

我刚说过,我们建桥是勇敢精神创造的成果,现在,我要告诉同学们的是,建桥同样也是示弱的结晶。记得我刚来上海准备投资创办上海建桥学院的时候,教委有位领导半开玩笑半认真地说:"温州人是东方的犹太人,做生意是有一套的,至于办大学嘛……"这个长长的"嘛"字拖得特别意味深长,说穿了就是不相信我办大学的能力。虽然我的心中有满腔的热忱、宏伟的蓝图、翔实的计划,闻听所言,心中也不免很不服气,但是我知道,无谓的争论于事无补,此时最需要的恰恰是示弱。所以我当时说,为了表示我们办大学的决心与诚心,我们愿意主动先交500万元押金,倘若办不好,押金可以没收。正是这样的主动示弱,让别人看到了我们的底气,最终同意我们创办上海建桥学院。从此以后在上海办大学必须先交500万元押金也成了一项规矩。所以说示弱并不代表你真的很弱。

主动承认错误

当你发现自己犯了错误的时候你会怎么做?是努力掩盖,是推卸责任,还是主动承担下来？我认为最佳选择是主动承认错误，并承担相应的责任。在前年的毕业典礼上，我曾经讲过一个真实的案例：有位老师因为自己的粗心，把一名学生"74分"的成绩错登成了"47分"，那位同学不得不参加了补考。让我比较痛心的是这位老师没有主动承担责任，反而将错就错，这是我管理不严，我必须向那位同学道歉。我认为主动承认错误看似为示弱，其实是真正的勇敢，承认错误并不会让你变得渺小，相反这样的人更值得我们尊敬。在今后的人生道路上，你们也会经常犯错，只有主动承认错误、承担责任，你们才能成为一个受人尊敬的人。

假装糊涂，吃亏是福

大家一定知道清代书画家、文学家郑板桥。他有两幅著名的匾额"难得糊涂"与"吃亏是福"，讲的也是示弱。明明心中一如明镜、黑白分明，有时偏偏当作良莠不知、牛马不分。同学们，这个社会并不是一尘不染的，人与人之间也不可能永远都做到以诚相待，虚伪与欺骗在所难免。面对这些情况，我们常常要考虑更多的可能性，假装糊涂往往是最好的处理方法，主动示弱并不是真的弱，装愚才是大智若愚。在今后的日子里，不该我们拿的千万不要去拿，该我们得到的也可以少拿，甚至不拿，吃点小亏，能保你一生平安。

让

2015福建的中考作文题目是：

> 生活中时常可见互让、忍让、避让、退让等情景。让，是接人待物的素养；让，是宽容大量的胸襟；让，是聪明睿智的取舍。请以"让"为题目，写一篇记叙文或议论文。

退一步海阔天空，让一下心安理得。人，不能贪得无厌，也不能斤斤计较。在荣誉功劳前面我们要让，在利益面前我们要让，在享受方面我们也要让，哪怕是公交车上的一个位子也要让，让人方便，与己方便。让是一种生活的态度，也是一种美德。大家都知道"孔融让梨"的故事。

各位同学，我知道，你们在大学四年里汲取了很多知识，收获了很多快乐，但同样也碰到过很多不顺心的事情，有很多遗憾：你可能在食堂吃到过一顿不太可口的饭菜；你可能在图书馆里没有找到自己心仪的图书；你可能到一些部门办事的时候受到了老师的冷眼相向;你可能在遇到学业上的疑惑之时没有得到老师的及时解答;在处于自己人生最彷徨无措的时候,可能没有师长来及时关心你、指引你走出迷途;尤其是这两年,学校启动临港新校区建设,事情千头万绪、异常繁复、牵涉面广,难免有些地方考虑不周、顾此失彼,给同学添了麻烦,造成一些不便。在此,我代表学校真诚地向同学们致以歉意。

到今年,建桥刚走过15个年头。对百年人生而言,15岁的建桥还只是一个少年。希望你们能包容学校暂时的不完美。学校以后会不断改进,成为你们为之倍感骄傲的母校。

同学们,人生的道路很长很长,勇敢往前走,你一定会走出精彩的人生,"星哥"永远祝福你们。

比生命更宝贵的*

各位同学、各位家长、各位老师：

大家好！

古语有云："养不教,父之过,教不严,师之惰。"今天是父亲节,又是毕业日,在座的每一位毕业生用自己的实际行动为父亲们送上了一份最有意义的礼物,同样,也证明了每一位老师的辛苦付出得到了回报。所以,请允许我代表上海建桥学院董事会向顺利毕业的各位同学表示最衷心的祝贺,同时,也向为同学们的成长付出艰辛的各位家长及各位老师表示最衷心的感谢。

今天是在新校区举行的第一场毕业典礼,我心中既有遗憾,也有感激。遗憾的是,我们还没有把最好的建桥呈现给同学们;感激的是,同学们的共同努力正在让建桥变得越来越美好。谢谢你们！

2013年我与毕业生谈了"梦想与现实",2014年我与毕业生谈了"独立与自由",2015年我与毕业生谈了"勇敢与示弱",今天我想与同学们谈谈"比生命更宝贵的"这个话题。

每个人的生命只有一次,非常宝贵。唯物主义者认为人死之后,精神与肉体同归湮灭,回归自然,让人觉得有一种无法掌控的无奈。中国古老的传统观念认为人死为鬼,那境况更是无处话凄凉。唯一让人感到些许欣慰的莫过于佛教了,提出了生死轮回的概念,兴许下辈子还可以重返人间。可是轮回回来的你还是你吗？所以说人生只是一条单行线,有去无回,我们要万分珍惜。

事实上,所有的动物都很珍惜自己的生命。蛇不仅会冬眠,还会在饥饿时消化掉自己的部分心脏以果腹活命,还会在极端饥饿的情况下吞食自己的尾巴以求生存;蚱蜢在极端情况下会吃掉自己的大腿以求生存;蜥蜴和壁虎在受到攻击时会断尾求生;章鱼会壮士断腕以求活命。当然,人也一样,历史上的大饥荒就发生过易子相食的惨剧。由此可见,为了活下去,用无所不用其极来形容亦不为过。

既然生命是如此的宝贵,那么,我们不禁要问：还有什么比生命更宝贵的呢？

---

* 本文为2016年6月19日在2016届本科生毕业典礼上的讲话。

我觉得人是由两部分组成的：灵与肉。几万亿个原子经过几十亿次巧妙的合作，创造了你。这就是你的物质生命。而感情、思想、信仰构成了你的灵魂。

儿子曾经问过我，什么是情商？我说："情商就是感情的深度，热爱的高度。"人的感情是多方面的，有亲情、爱情、朋友情、爱国情、民族情等。你爱得越深，情商就越高，情商越高的人就越热爱生命、热爱生活，更愿意为心中的爱付出一切，包括自己的生命。我曾经问过我的司机："什么东西比生命更宝贵？"他想了一下说："如果我的母亲被人欺负我会拼老命的。"我也问过我的秘书："什么比你自己的生命更重要？"她说："当我女儿生病而且很痛苦时，我会心如刀绞，恨不得用自己的生命去代替她。"是的，母亲对子女的爱，还有我们对母亲的爱，往往比自己的生命更重要。亲情是我们生命中最重要的组成部分。

匈牙利著名爱国诗人裴多斐有一首脍炙人口的诗："生命诚可贵，爱情价更高。若为自由故，两者皆可抛。"在他的心中，爱情比生命更重要。历史上伟大的爱情故事有很多，像牛郎织女、梁山伯与祝英台等，但现实生活中你也许碰不到忠贞不渝的爱情，也许会遇到见异思迁、朝三暮四的恋人，那已不是真正的爱情，所以说失恋了就寻死觅活、不惜殉情是不值得的。对方移情别恋了，说声祝福才是生活的态度。

自由对每个人来说实在是太重要了，没有自由的生命生不如死。在法律和道德的约束下，我最向往的是自由。民主与自由是人类共同的追求，是社会进步与文明的重要标志。历史上很多仁人志士为了争取社会的民主与自由不惜抛头颅、洒热血，尤其是近代中国史上的学生运动，几乎都是为了争取社会的民主与自由。你们毕业后，努力工作养家糊口、提高生活质量当然很重要，但促进社会的民主与自由也是你们义不容辞的责任。

做人很重要的一点是要有情有义，一个不讲义气的男人绝对不是个好男人。"桃园三结义"的故事家喻户晓，关公把"义"看得比生命更重要；"梁山好汉"的故事总让人荡气回肠，他们把"兄弟"看得比生命更重要。"士为知己者死"是做人的基本道理，但当今社会功利主义盛行，人不为己天诛地灭，讲义气的人越来越少，但我非常希望同学们千万不要成为一个不讲义气的人，你的生活需要义气，你的事业同样需要正直无私和义气。

理想和信念是我们每个人内心的追求，当然比生命更重要。

刚刚过去的端午节，是为了纪念伟大的爱国诗人屈原，他的代表作《离骚》深刻表达了自己对国家、对人民无限热爱的感情，他宁死不与权贵同流合污，最终自沉于汨罗江。两千多年来，他的节操一直为人们广泛传诵。民族英雄文天祥的一句"人生自古谁无死，留取丹心照汗青"激励了多少热血青年，他们把自己的生命奉献给江山社稷，奉献给民族和国家的尊严。岳飞也是用生命实现了精忠报国。至于近代中国为了民族与国家的自由、独立、富强、进步而慷慨赴义的先烈就更多了。著名的"戊戌六君子"之一谭嗣同说:"我自横刀向天笑,去留肝胆两昆仑"、"若死而中国能强,死亦何妨!"还有李大钊、闻一多、瞿秋白、赵尚志等人。无数的先烈为了真理、正义,为了中国的未来,献出了自己宝贵的生命。

同学们,生命对于我们每个人来说都只有一次。我们要爱命惜命,为了让生命更有意义,我们的心中要充满爱,爱亲人、爱朋友、爱社会、爱祖国、爱大自然,我们要维护尊严,匡扶正义,追求民主与自由,树立理想与信念。

同学们,人生的道路充满艰辛和坎坷,但只要努力,不断付出,你们一定会有收获。我始终相信,你们在未来一定会青出于蓝而胜于蓝,会比我们这些师长做得更成功、更完美。

谢谢大家!

人 生 苦 短*

同学们：

上个月12日我去美国参加儿子的毕业典礼，然后一家人去了美国著名的黄石国家公园。因为美国的宾馆内部禁烟，烟瘾很大的我只好到宾馆旁边的黄石湖畔抽烟。深夜，面对浩瀚的星空，我突然想到两个字："无限"。

其实，很小的时候，"无限"这两个字就一直困扰着我。时间是无限的，无穷无尽，没有开始，也没有结束。空间也是无限的，无边无际，大到不可想象，小到想象不出来。

时间是无限的，我知道。空间是无限的，我也知道。但是无限又是怎样的？夜深人静的时候，我越想越抓狂。我曾问过著名天文学家何香涛教授"什么是无限"，他想了一下说，"天知道"。我也问过美籍华人陈钢院士，他是研究纳米

◉ 在2017届本科生毕业典礼上讲话

---

* 本文为2017年6月10日在2017届本科生毕业典礼上的讲话。

技术的世界第一人,他想了一下后告诉我的答案,竟然也是"天知道"。"天知道"就是谁也不知道。我心有不甘,有一次问了一位佛学大师,他说:"别想了,再想你就疯了。"

想到无限的空间,觉得人真是太渺小了;想到无限的时间,人生真是太短暂了。那一天的深夜,我在黄石湖边回顾自己走过的路,心中有很多感慨,感慨最多的就是人生苦短,也就是在那一刻,我构思了今天的讲话。

在无限的时空中,人生是短暂的

随着医疗水平的提高和科技的进步,人的寿命越来越长,人活 100 岁、150 岁甚至更长,似乎都已经不是遥不可及的梦想,但与无限的时间相比,你的生命极其短暂。正因为短暂,生命显得弥足珍贵;正因为短暂,我们没有理由不去珍惜。就在座的各位同学而言,如果差不多活到 100 岁,看起来似乎很漫长,一年又一年,一日又一日,似乎没有尽头,我们总认为以后的日子还长着呢。但是我们大多数同学已经走过了 22 年,到 60 岁退休,真正让你可以努力工作的时间也就 38 年,不到 14 000 天。昨天已经过去,如果今天我们仍然糊里糊涂不知道该做点什么,明天也会在一声叹息中一晃而过。一家比利时杂志针对 60 多岁以上的老年人做了一份"你最后悔什么"的问卷,结果显示:72%的人后悔年轻时不努力;67%的人后悔选错了职业;58%的人后悔不重视锻炼身体;47%的人后悔对父母孝心不够;41%的人后悔选错了另一半;32%的人后悔一生过得太平淡;11%的人后悔没能挣更多的钱……通过这个调查,我们不难发现,大多数人都是后悔自己不够努力。时间不会倒流,时间不会为你停下,时间是上天给我们唯一公平拥有的东西。所以,同学们,只有努力再努力才不会虚度一生,只有努力再努力才能给你的人生增色添彩。

在短暂的人生中,苦难是经常的

人生不仅短暂,而且很苦。古人云:"人生不如意事常八九,可与人言无二三。"苦不堪言,而且还没有办法与别人说。佛教认为:人生有七苦,生、老、病、死、怨憎会、爱别离、求不得。可见苦时时处处存在,贯穿于一生。

生之苦,是七苦之源。从出生的那一天,生活就把你带入错综复杂的关系之中,人生都要完成求学、成家、立业、奉老、扶幼这几件大事,件件都很苦。求学之苦你们都深有体会,本来读书是快乐的事,但是,高考制度和毕业制度以及同学们之间的竞争,让你苦不堪言。投了那么多简历,去了这么多场招聘会,只找到一份你并不称心的工作,在工作中兢兢业业、吃苦耐劳,却受到同事排挤,也得不到上司赏识。受不了这些鸟气,自己去创业吧,又没有创业资金,即使创业了却发现创业比在单位里上班更苦,更可气的是你看到道德才能比你差的人升了官,比你懒惰的人挣了大钱。好不容易成了家,却发现自己根本买不起房子,虽然父母帮助了你,却让你羞愧难当,甚至怀疑自己存在的价值。生活好不容易有点起色,却已是上有老下有小,时间永远不够用……

老之苦、病之苦、死之苦就不说了,还有"怨憎会"。这个世界有好人也有坏人,你想远离是非,但总是避不开、躲不掉。有些人总在攻击你、诽谤你,给你的人生道路设置障碍和陷阱,而你也变得怨天怨地怨爹娘、怨事怨人怨环境。

"爱别离"让我想起一句名言,"世界上最遥远的距离不是生与死,而是我站在你面前你却不知道我爱你"。你爱的人总是得不到,爱你的人也可能移情别恋,真心相爱的人却天各一方。

人生苦的原因主要是"求不得"。世界有两种"求不得"最苦:一种是"得到再失去",一种是"可望不可及"。有些人拼尽全力得到了,但没有珍惜,失去了才悔恨莫及;有些人整天做着遥不可及的梦又不努力,徒自望洋兴叹。人有太多太多的欲望,得不到你就会觉得苦,即使所求得到了,但与你的预期不一样,你仍然会不满足,就算完全得到了,过段时间你也会觉得没味道,把兴趣转向别的地方,没完没了,所以人生就会是没完没了的苦,而苦的真正原因是贪婪、欲望太多。有句话说得好,"贪婪是最真实的贫穷,满足是最真实的财富"。"贫"和"贪"两字最接近,贪的人即使拥有,内心也是一贫如洗。

正确对待成功,快乐常在身旁

每个人活着都想追求成功,那么什么是成功呢?在我看来,中国人几千年来对成功的定义很简单,就是四个字:"升官发财"。如果权不为民所用,官越大对社会的危害也越大;如果为富不仁,钱再多也得不到别人的尊重。

有一部电视剧相信很多人都看过,就是《人民的名义》。第一集登场的贪官赵德汉相信大家都印象深刻,他身为一名处长居然贪污超过两亿元,也许对于他来说,满屋子的钱就是成功。而祁同伟则是一个以升官为最终目标的人,他为了实现这个目标,滥用职权,栽赃陷害,无所不用其极,最终走向自我毁灭的道路。

对成功狭隘的定义很容易用歪门邪道走上错误的道路。我认为"成功就是做成有功德的事",而"功德就是利他利众的行为",修桥铺路是功德,帮助别人是功德,好言相劝是功德,做义工也是功德,等等。所以说成功并不难,难的是我们如何定义成功。只有对成功有了正确的认识,你就可以经常是个成功者,成功的喜悦也会常伴身旁。

怎样做个成功者,我认为最重要的有两点。

一是要有智慧。我经常对青年朋友们说,做人要有智慧,智就是每天知道多一点,从书本上学习,从别人身上学习,从实践中学习,我们就能成为一名智者。"慧"这个字底下是"彐心",意思是心灵要纯净,灵魂要清白。"丰丰"是两把扫帚:一把扫帚要清扫外部世界的风尘,这个世界乱七八糟的事很多,我们要经得起诱惑,要坚定自己的信念;另一把扫帚要清除自己内心的污垢,清除自己内心的贪欲,要不断地反省自己。智是能力,慧是境界;智是懂得进,慧是懂得退;智让你强大,慧让你忍让;智是术,慧是道;智是现实理想,慧是清心寡欲。只有具备了一定的智慧,才能实现心中的梦想。

二是学会主动吃亏。小时候我们就知道"吃亏是福"。但很多人都是在被动吃亏、不情愿被吃亏的情况下,拿"吃亏是福"来安慰自己。我认为,既然吃亏是福,为什么不学会主动吃亏呢?你吃的亏越多,你的福也就越多。

同学们,今天讲了"人生苦短"这个话题,只是想让同学们有个心理准备,苦是人生常态,你的人生会碰到很多苦难,你的人生会经历挫折,你的人生会经常处于低潮,而好运也会经常不在你身边。当你哪天碰到苦难的时候,能想起"星哥"在毕业典礼上说过,人生本来就是苦的,无所谓,继续往前走,我就心满意足了。当你们知道明天会更好、昨天和今天的苦不算什么的时候,我就更心满意足了。

同学们,人生百态,它是一个永远也说不完的话题,也是一个没有答案的话题,今天我讲"人生苦短"就是希望你们努力再努力,在短暂的有生之年为他人做更多有意义的事,就是希望你们坚持再坚持,用苦难的有生之年,为自己找到快乐和幸福。

最后向大家推荐两本书——《人类简史》和《未来简史》。赠送我的人生座右铭以共勉:以善为本,做个好人!

恭喜大家毕业,有空常回家看看,这里永远是你们的家。

这个世界需要能人，更需要好人*

各位同学、各位家长、各位老师：

大家好！

首先，我代表学校董事会向所有的毕业生和所有的毕业生家长表示热烈的祝贺和衷心的感谢！因为有你们，使我们的建桥大家庭充满生机和活力！因为有你们，使我们建桥的未来更加灿烂而美好！同时，我也要感谢在座的每位教职员工，因为你们的努力和付出培养了一届又一届优秀的建桥毕业生，推动我们建桥不断地向前发展！

前几天与一位朋友聊到一个关于"勤劳致富"的话题。朋友说，他不相信勤劳致富。他说，他爷爷很勤劳，穷得叮当响；他父亲很勤劳，但连子女的学费都交不起。他有很多朋友一辈子像老黄牛一样，累了一辈子，苦了一辈子，一生都生活在社会的最底层。他很感慨地说，在现实生活中，劳动不光荣，越勤劳的人通常都生活在底层。我说是的，勤劳最多能解决温饱问题，绝对不可能让你致富，要想富，你还必须是个能人。

谁是能人？阿里巴巴的马云是能人，小米的雷军是能人，姚明是能人，C罗是能人，爱因斯坦是能人，袁隆平是能人。比常人强一点的就是能人，在某些方面很有才能的人都是能人。今天在座的很多同学也是能人，或者以后也会成为能人。

世界需要能人，对于能人，也许我们可以很直观地感觉到他们对于这个世界的重要性。无论是成功的政治家、科学家、艺术家、哲学家、企业家，古今中外各个领域的伟大人物，他们用自己的天才能力影响着世界，改变着世界，推动着世界。

就拿科技来说吧！科技改变生活，人类因为科技的进步而尽享科技带来的无尽便利和美好感受。过去我们的四大发明造纸术、火药、印刷术、指南针，深刻改变着我们的国家和世界；现今我们的新四大发明高铁、扫码支付、共享单车和网购，继续深刻改变着我们的国家和世界。科学家们的奇思妙想和探索实践带来的新创意、新发明、新技术，为我们开创了人类日新月异的美好生活。

伟大的哲学家站在人类思想的高处，提醒世人始终保持理性的思考。伟

---

* 本文为2018年7月4日在2018届本科生毕业典礼上的讲话。

的艺术家用不朽的作品,唤醒人类追求美的天性。

能人聪明、勤奋、勇敢、坚韧,为了实现心中的理想,孜孜以求,勇于挑战,不断推动人类向前进步。没有能人,这将是一个平庸的、乏味的、落后的世界。所以这个世界需要能人。

但如果这个能人是个邪恶的能人,他对人类的破坏力就会大大超过常人。比如,希特勒发起第二次世界大战,让几千万人丧生;本·拉登让恐怖主义在全世界蔓延;一些贪官污吏严重破坏社会的公平和正义;为富不仁的商人让我们看到世界的丑陋。

因此,我更想说的是,这个世界需要能人,更需要好人。好人,就是那些富有同情心并乐于帮助别人的人。

古往今来,太多太多的好人给我们这个世界带来福祉、力量、和谐、温暖和感动。铁面无私、执法如山、还百姓一片青天的包拯是好人;西天取经、求取正法、济世度人的唐玄奘是好人;鞠躬尽瘁、为人民奉献的焦裕禄是好人;一辈子做好事、为人民服务的雷锋是好人;裸捐数百亿的巴菲特是好人;我的那位乐善好施、经常接济邻里的母亲也是个平凡的好人,正是她帮我树立了"以善为本,做个好人"的座右铭。在座的同学们中,绝大多数也都是好人,因为你们是在"感恩,回报,爱心,责任"的校训精神下成长,是在人人争做"锋丝"的校园氛围中成才。

也许我们一辈子都成不了伟人和能人,也许我们一辈子都做不出惊天动地的事业,也许我们一辈子都默默无闻,但我们绝对可以做个平凡的善者。

我最喜欢的一部公益广告片的片名是"留一盏灯温暖他人",讲述的是:一天晚上,一对环卫工老俩口正在一家楼下就着咸菜吃馒头,因为没有灯,将咸菜碰到地上。楼上的女主人到阳台收衣服,拉亮了阳台上的电灯,正好为环卫工人老俩口提供了照明。这时,男主人回来了,发现阳台上的电灯还亮着,就问女主人为什么不关灯。女主人怕他们的对话惊动了两位老人家,就将男主人拉到了阳台,男主人看到了楼下的情况,瞬间知道了原委,露出了会心的微笑。

这部公益广告片并没有讲述惊天动地的善行善举,只是反映了微不足道的善心善意,但却充满巨大的感染力。原来做个好人并不难:体谅迟到的外卖小哥,依然给他点个赞;不歧视地铁里邂逅的农民工,给他一个城里人善意的微笑;在突然而至的暴雨中,愿意与陌生人共撑一把伞……善心是一盏灯,照亮了别人,同时也能温暖自己。

同学们,让我们一起铭记校训"感恩,回报,爱心,责任",让我们一起做好人中的能人,做能人中的好人!同学们,值此临别之际,我深深地祝福你们,愿你们生活开心,事业有成!同时,也请你们牢记,在你们追梦的道路上,建桥永远是你们的心灵驿站和精神家园。

学做"人中人"*

亲爱的同学们：

大家好！

首先，我对你们顺利毕业、顺利取得学位证书表示热烈的祝贺！因为这是你们对辛苦养育你们的父母、对辛苦教导你们的老师最好的报答，也是你们对自己能力素质的一个证明！

今天是个特殊的日子，不仅意味着你们顺利毕业，今天还是你们真正意义上的"独立日"，因为今天，你们就要离开大学校园，踏进社会这所更大、环境更复杂的"大学"，独立面对各种挑战与考验，工作、恋爱、成家、成长……走过人生的每一道关卡。看到你们一张张青春洋溢的笑脸，作为长辈，我有太多的话想说，限于时间，我只说一句话："学做'人中人'。"

从古到今，中国传统教育理念，社会主流舆论导向，爸爸妈妈、亲戚朋友都会鼓励你，"吃得苦中苦，方为人上人"，做"人上人"或许还是你的奋斗目标。今天，我却要勉励大家学做"人中人"。

人，首先要像个人，人要人模人样。记得我在你们的开学典礼上说过，男人要像个男人，女人要像个女人，儿子要像个儿子，女儿要像个女儿，做学生要像个学生，参加工作了要像个员工，做老婆了要有老婆的样，做丈夫的要有丈夫的范儿，我们都是中国人，应该有中国人的传统美德，应该有勤劳、勇敢、善良、正直等中国式标配。

有的人不像人，成天鬼头鬼脑、鬼鬼祟祟，一肚子坏水，终日计较个人利益得失，只讲索取从不奉献，品格卑劣，以损人利己为乐。这样的人不能算人，只能算鬼，或者说是"人下人"。在我的定义中，"人下人"并不是指那些地位低下、贫穷体弱的人，而是指那些道德素质低下、自私自利、成天算计别人的"鬼人"。

"人上人"通常意义上是指那些社会地位、经济地位都比较高的人，虽然也有一些为百姓谋福利、热心公益的"人上人"，但很多的"人上人"自以为自己是神，觉得自己高人一等，整天让别人听他的，这种人大多自以为是、自命不凡、高高在上，他们一时在某个方面取得辉煌业绩，拥有耀眼的光环，但如果认为这是

---

* 本文为2019年6月29日在2019届本科生毕业典礼上的讲话。

自己独有的资本,可以据此恃强凌弱、肆意妄为、无视规则、炫耀显摆,那么,我们内心深处就不喜欢他、不认同他、不支持他,甚至厌恶他。比如,那些贪赃枉法的贪官污吏,那些靠阴阳合同骗逃巨额税款的大明星,等等。

在生活中我们都是"敬鬼神而远之",我们更喜欢与"人中人"交往。因为"人中人"崇尚平等,有情有义,为人正直友善,处世豁达坦荡。

都说"不想当将军的士兵不是好士兵",但整天只想当将军的士兵同样不是好士兵。大家好好去了解一下,建桥雷锋馆里陈列的雷锋事迹,全国各地受表彰的雷锋式好人好事,还有类似"感动中国"年度人物等奖项的获得者,他们大多数并不是位高权重的大人物,而是长期甘守一线岗位、做出不平凡业绩的"人中人"。比如,"2019感动中国十大人物"中的吕保民,在菜市场发现有歹徒持刀抢劫,他见义勇为,身受重伤,最后在村民帮助下一起制服了歹徒。社会需要更多这样见义勇为的"人中人"。

要想成为"人中人",也是很不简单的,需要一生不断地学习、不断地修炼。我认为做"人中人",至少要达到五点要求。

"人中人"具有平等自强的思想品格

应该说做"人上人"有其积极的因素,可以激励人们奋发向上,也符合"水往低处流,人往高处走"的自然规律。但糟糕的是,它过于强化了人的社会等级,煽动了个人私欲,把个人凌驾于众人之上视为最高境界。长久以往,个人私欲极度膨胀,自视过高,目无法纪,贱踏规则,一旦从高处跌落,则会身败名裂,令人惋惜或贻笑大方。"人中人"则不然,他既不仰视,也不俯看,不卑不亢,平等待人。他知道,每个人的主客观条件不同,每个人的能力有大有小,但大家在人格上都是平等的,都是普普通通而又堂堂正正的人,他会尊重每一个人,友善对待身边一切,包括社会环境与自然环境。他知道靠"拼爹拼妈"轻易取得成功没什么可炫耀的,也知道尊重规则是对自己的爱护。"人中人"自强自立,他具有终生学习的理念,能时时认识自己的差距,勇于承认自己的不足,善于向身边人学习,源源不断地汲取各种营养来发展自己,让自己持续成长。在他身处高位时也能平等待人,即使权重也不把自己当"人上人"。同样,在他身处低位时也不会有低三下四的奴气,不会自轻自贱。

伟大的教育家陶行知先生曾说过,"人中人"最要紧的是要有"富贵不能淫,贫贱不能移,威武不能屈,美人不能动"的精神。他曾写过一首《自立歌》:"滴自己的汗,吃自己的饭,自己的事自己干,靠人、靠天、靠祖上,不算是好汉!"同学们,无论身处哪种环境,自强自立才是一个堂堂正正的人。

"人中人"具有服务他人、奉献自我的自觉意识

可能有同学会问,难道一个人就不要上进心、不要进取心吗?当然不是。做"人中人",并不是说要甘居中游、甘居平庸,相反,他更善于自我定位,能够客观清醒地认识自己。他自知身为一个"人",应当发扬一个"人"所固有的优良品质、优良作风。他积极主动承担作为群体中一员的责任,尽力发挥自己的光与热,奉献价值,输送正能量,多办实事,多做好事,以己所能服务他人、服务大众、服务社会。虽然他也有强烈向上的动力,努力自我奋斗,但那是责任感驱使,为了做出更多的贡献,而不是力求让自己高居他人之上。正如老子在《道德经》中提到的,"上善若水,水善利万物而不争"。同学们,淡泊名利,不要一心想着往上爬,自强而不自私,这才是一个"人中人"。

"人中人"具有着眼长远、心平气和的精神状态

从小老师和家长就经常问我们,长大了想干什么?当我们回答做科学家、企业家、获诺贝尔奖的时候,都被称赞有出息,这其实是当前教育中的缺陷。还有,"别让孩子输在起跑线上"这个似是而非的观念贻害无穷。在很多人看来,从小进入一所一般的小学甚至非重点的小学,就输在了起跑线;初中进入一所一般的初中,就输在了起跑线;高中进入了一所非示范非重点的高中,就输在了起跑线;大学进入一所非"985"、"211"、"双一流"高校,就输在了起跑线;甚至入职了没有进入政府部门,就输在了起跑线……我特别反对"别让孩子输在起跑线上"这句话,这是近几年中国教育最大的误区、最大的败笔。从小就争做"人上人",这也体现了家长和社会急功近利的思想,其实也是一种误判。人生是一场漫长的马拉松,不是百米短跑,除了起跑时的爆发力,更需要认准方向的定力、长久坚持的毅力、弯道超车的变通力、笑到最后的软实力。一心争做"人上人",导致私欲膨胀、争名夺位,不安于基层一线,容易使人失去平常心,甚至不择手段,盲目追求"短期效益",一旦受挫,则心态失衡、心理崩溃。而立志做"人中人",他会将自己视为广大群众中的普通一员,能摆正个人在社会中的位置,有利于自我世界、人际关系的稳定与和谐。

"人中人"具备"信、仁、勇"的优良品质

诚信是一个人安身立命之本,言而无信的人也许一时成功,但绝没有长久

的未来。要做到诚信，我觉得最起码做到：一是欠钱还债。不管是欠银行的、欠单位的还是欠个人的，只要对方起诉你，你就会被列入限制名单，不仅不能乘飞机、坐高铁，不能住宾馆，不能进行高消费，还会连累家人，影响下一代。二是遵守公德。在所有的公共场合，所有不文明的行为都有可能被列入失信名单，会让你寸步难行。三是要有强烈的规则意识、合同意识，遵守一切规章制度，签下的合同必须去履行。当然我们在平时更不应该轻易许诺、信口开河、道德失信，否则，生活会抛弃你，朋友会抛弃你，社会会抛弃你。仁爱之心是中华民族的传统美德，我们不一定能做到如何高尚，但同情之心、怜悯之心是做人的道德底线，我们要多做修桥铺路的事，不做过河拆桥的事，多向别人伸出友爱之手，而不能落井下石、幸灾乐祸。我们要永远记住"建桥"二字，永远不忘"感恩，回报，爱心，责任"的校训，更不能忘记建桥之神"雷锋"。"勇"是要求我们不能只说不做，要勇敢地付诸行动、付诸实践。面对困难和挫折，绝不退缩；面对邪恶，勇敢地站出来，绝不低头。同学们，诚信、仁爱、勇敢的人就是"人中人"。

"人中人"要有健康的体魄

"人中人"其实是身心健康，德、智、体、美、劳全面发展的人。我们学校历来重视体育运动，成立了20多个体育社团，定期举行校运会、智运会、足球赛、篮球赛等活动，同学们也表现出色，获得了很多荣誉：校篮球队获得第六届浦东新区运动会高校组篮球赛冠军、第一届上海校园篮球联盟杯赛冠军；击剑队连续12年参加全国大学生击剑锦标赛，每年至少都能取得1项全国冠军；足球队获得浦东新区高校足球比赛第二名，等等。学校做了这么多，就是想让同学们热爱体育锻炼。希望同学们平时养成有规律的生活方式，尽量少熬夜，不通宵，吃好早餐，经常参加运动健身，把学校养成的好习惯带到今后的生活中去。拥有强健的体魄，才能迎接未来的挑战，享受生活的美好。拥有强健的体魄，才能做到不成为别人的负担，才能为家人、为社会、为国家做出更大的贡献，也只有强健的体魄，才能真正做到自强自立。

同学们，社会良性运行需要一大批踏实勤奋、敬业爱岗、乐于奉献、雷锋式的劳动者，"人中人"就是社会大厦坚固的基石。不装神，不弄鬼，我们都做个堂堂正正的"人中人"。同学们，人字一撇一捺，少了一笔都会东倒西歪，只有互相倚靠才能立于天地之间。

最后，祝同学们健康快乐！

幸福是什么*

各位领导、嘉宾,上海温青联的朋友们:

大家下午好!

最近,我看到一份材料,很有意思。《瞭望东方周刊》近几年连续开展中国最具幸福感城市调查,在2008年、2009年、2010年的中国最具幸福感城市排名中,上海和温州都没有进入前十位。我当时就想,作为中国最具经济活力的两座城市,作为人均收入相对而言领先全国的两座城市,为什么都没能跻身中国最具幸福感城市前十位,排名甚至不如银川、昆明等城市呢?另外一项幸福感调查显示,温州企业家幸福感平均值仅为65.3。这个刚过及格线的"幸福指数",也与人们印象中温州商人的"光鲜"形象不相符。

幸福为什么看似离上海和温州很远?有人总结了几条原因,如收入差距拉大、财富分配不公、竞争太过激烈、人际交往淡薄,另外,还有房价、就业、医疗、教育等各种民生问题交织。

那么,在上海打拼的温州青年这个群体,幸福离我们是否也很"遥远"?我们中的每个人,可能都多多少少有着关于幸福的困惑与困难。比如,有的人毕业工作没多久,要面临买房成家的压力;有的人办企业,在当前银根收紧的背景下,可能面临融资的压力;有的人可能在工作上遇到瓶颈,面临职业晋升的压力;还有的人始终无法融入上海这座城市,面临文化精神的压力;我们每个人都远离家人和故土,等等。

如今这个社会受到太深的"物质至上"观念的影响,"天下熙熙,皆为利来;天下攘攘,皆为利往",这让人觉得幸福遥遥不可及。有时候幸福也是件很简单的事情。去年年底,我抽空去了一下建桥好好艺术幼儿园,当看到一个个小朋友天真可爱的笑容,看到他们略显稚嫩但精彩的才艺表演,我顿感一年来积累的压力、困惑以及其他负面情绪全部一扫而空,浑身轻松,我想,那个时候的我肯定是幸福的。

幸福是什么?在我看来,幸福就是要做有意义的事,做自己喜欢的事。追求幸福的过程,应该是追求对个人成长和对社会有贡献的目标的过程,而不是

---

* 本文为2011年5月22日在上海温青联2011年年会上的主题演讲。

金钱、美誉和声望等。当然,这些并不是不重要,有了这些,我们可以更容易地实现自己的目标,但这些仅仅是追求幸福的手段。

现在有一个很受欢迎的心理学家张怡筠,她的一段话让我记忆犹新。她说:"20多年前考大学,大家都说,应该读商才赚钱,我填'心理系'做第一志愿;十多年前在研究所教书,大家都说,暑假应该兼差才能买房,我推掉工作去世界旅行;几年前买新车,大家都说,应该买昂贵名车才有身份,我买了环保的平价车。有些大家都认为的'应该',不是我的'应该',从小我就决定走自己的路。"事实证明,她坚持走的路是对的,可以做自己喜欢并对社会有价值的工作。

怎样才能获得幸福?一方面要选择正确的目标,继而坚持你的选择。我们每个人都是有欲望的人,欲望让我们选择一种生活方式,选择一个奋斗目标。当然,为了实现这一目标,我们需要学习,经历波折和历练。所以,我们应该有一个乐观积极的人生态度,能吃苦,爱学习,不抱怨,懂感恩,才能在你选择的道路上收获幸福。

另一方面,幸福需要用心去领悟。幸福的生活是靠累积而成的,无论是那些刻骨铭心的经历,还是那些点点滴滴的瞬间,都可以成为幸福的源泉。一个懂得幸福真正内涵的人,他关注的不仅是目标实现之后的感受,更关注奋斗过程中五味陈杂的人生体验。不要疲于奔波,多去感受生活中的小东西、普通而平常的小事情。比如,与家人团聚,与旧友重逢,学习新知识,接受新工作,去新的地方旅游,等等。我想,领悟幸福也是一种能力。

作为青年人,我们要有追求幸福的雄心和勇气。"无论你做什么,或者你想做什么,行动吧!勇气本身就包含了智慧、魔力和力量。"这是康德说的一句话,我非常欣赏。人的一生会面临各种各样的选择,尤其是我们青年人,每走一步可能都会对你的未来产生影响。在下定决心之前,你会犹豫,会不安,会退缩,但不要怕,勇敢地去抉择。一旦你选择了,就要坚定地实现这个目标,不要害怕失败,不要害怕犯错,努力为自己的选择付出行动。而那时候你也会发现,身边多了志同道合的朋友,多了给你指点迷津的高人,幸福就是这样慢慢将你拉近的。

作为青年人,我们更有追求幸福的责任。无论社会有多么的不公,无论你的出身有多么的卑微,这些都不能成为阻挡我们追求幸福的借口。追求幸福是一种责任,是对自己、对家人、对社会的责任感。

学习是第一步。"眼高手低"是年轻人的通病,没有正确的自我认知,也不能合理地评估自我,觉得自己胸怀大志,足以力挽狂澜,因而忘记了学习,不能听取前辈的指导,这很可惜。要珍惜时间,用一切可能的时间去学习。比如,包里放一本书,坐车、等人的时候拿出来翻翻,思考思考,对零星时间的利用也会让你变得不同。

要热爱自己的工作。有些人很轻易地得到自己满意的工作,而更多的人没有那么幸运,经常会有人诉苦,说工作压力大、待遇不合理、工作总不能让自己开心。但是我相信,有怎样的付出就有怎样的回报,只要你认可你的工作,只要你肯用心,只要你有雄心,能够踏踏实实走好每一步,我相信更多机会会降临到你身上。

要敢于挑战。有句话说得很有意思:"不逼自己一把,永远不知道自己有多优秀。"过于的安稳,实在对不住"青春"二字。年轻就是资本,年轻就意味着各种可能,我不希望青年人为生活的压力放弃梦想、放弃自我。生命中真正的幸福和成就感,必须依靠自己的付出与努力。在一个目标实现之后,再度寻找另一个目标,人生就是在这样不断追寻与挑战中,不断发现自己的潜能,不断收获幸福的感觉。

青春短暂,年华易逝。记得一位哲人说过:"生命并不长,别再赶时间了。"整天忙忙碌碌,只会让自己成为时间的奴隶。因为年轻,我们会觉得有大把时间、大把精力做很多事情,像陀螺一样,最后精疲力竭。其实,做减法也是一种智慧,用有限的时间做最值得做的事情。幸福没有那么容易,然而简单就是一种幸福,静下心来,也许你会得到更多。

无苦无获,然无意无福。今天有幸在此分享我对幸福的感悟,祝愿各位领导、各位嘉宾,祝上海温青联的全体朋友幸福每时每刻。

敢为天下先*

6月11日,我陪同民盟中央副主席、民盟上海市委主委、上海市人大常委会副主任郑惠强一行到湖南平江,参加瓮江镇三合中心小学"同心·民盟烛光教学楼"竣工启用揭牌仪式。仪式结束后,我抽空参观了韶山、岳阳楼,参观了湖南大学的岳麓书院。

在岳麓书院,我特别注意看他们的校训,一看很惊讶。岳麓书院的校训是什么呢?第一句,忠孝廉洁。岳麓书院走出朱熹、张栻这样的大思想家、大教育家,这一条校训不足为奇。第二句,敢为人先。在湖南这样一个很传统的大学,校训竟然是"敢为人先",当时确实让我震撼。意外之余,细细一想,却又觉得这不是意外的。正因为"敢为天下先"这种教育思想,才培养了毛泽东、蔡锷、蔡和森等一大批革命先驱、杰出人才。

随后,我又去了岳阳楼。岳阳楼我已去过多次,可每次经过我总想再去看一看、念一念范仲淹的"先天下之忧而忧,后天下之乐而乐",总是很感慨。那天我又到岳阳楼,发现了一本书,叫《神农本草经》,我就买了一本,旅行途中顺手翻了翻。遥想远古时代,我们的先祖炎帝神农氏,为了找到给老百姓治病的良药,踏遍山川,遍尝百草,研究很多中药,终于写成这本书。最后,却不幸误吃断肠草而死。神农氏真的很伟大,不仅给中华民族留下宝贵的中医药研究资料,在千百年后发展成中医学,更重要的是,他这种敢为天下先的探索精神,给我们后人留下宝贵的精神财富。

今天大会的主题是"温州精神的传承与发展",刚才潘敏书记、很多专家学者也都从不同的角度谈到温州精神,我都很赞同。但是,从内心深处来说,我最认同的温州精神就是"敢为天下先"。这是温州人身上最具特质的一点。

在中国当代民营企业家中,值得我尊重的企业家有很多,但我最佩服的人是王均瑶。均瑶集团也许做得不是最大,但温州人"敢为天下先"的特质,在王均瑶身上体现得淋漓尽致。他第一个提出私人承包航线,当时听起来近乎天方夜谭,媒体形容他"胆大包天",但现在均瑶航空真的诞生了,成了民航业一块响当当的品牌。王均瑶留给后人的,不仅是均瑶航空、均瑶大厦这样一批上天落

---

* 本文为2012年6月17日在上海温青联2012年会上的主题演讲。

地的物质财富,还留给我们宝贵的、无形的精神财富,激励一批批温州人勇敢地走出温州、走向世界。

1999年在上海,我跟王均瑶曾有过一次简短的对话。那天,我们一起出席上海浙商大会,会后我们在茶馆喝茶聊天。我说:"王总啊,我现在在上海办大学,你觉得这个事情怎么样?"他说:"怕什么?!我没有开过飞机,也没有在机场工作过,我都敢包飞机。你当过十年大学教师,又管过企业,我相信你会成功的。"短短几句话,体现了他的豪情、他的胆识,也体现了他对我们创办上海建桥大学的一种关爱、一种支持,让我信心倍增。记得当时上海市委副书记龚学平,看到温州人上海办大学的新闻后就说:"到底是谁?胆子这么大,敢到我们上海这个高等教育这么发达的地方办大学?这个人我一定要去看看。"他就真地带上韩正、殷一璀等市领导到上海建桥学院的基建工地找我,就在工地听取我的汇报。最后,他说他很佩服温州人。我想,他佩服的不是我周星增,佩服的是"敢为天下先"的温州精神。

2005年,我投了六个多亿创办亲和源养老院。当时高端养老产业还是个空白,很多朋友都说我是个"疯子",他们说:"养老事业是政府做的,你却做这个?"他们认为这是一个很不理智的投资。但是走到今天,亲和源养老院也成为中国数一数二的知名品牌,国内外很多著名品牌纷纷上门谈加盟、谈合作。我觉得当时办养老院,也是受了"敢为天下先"思想的影响。

我最喜欢的一句广告词就是美特斯邦威的"不走寻常路"。确实,在这个世界上,你只要去想一想、找一找,总有别人没有走过的路,总有别人没有走好的路,总有别人没有走完的路,总能找到自己最适合的一条路。我觉得,不走寻常路,就是"敢为天下先"的一种体现。

在我们每一位成功的温州企业家身上,你都可以找到这个基因、这种特质。"敢为天下先",既是一种思想,又是一种境界,也是一种方法。"敢为天下先"的核心是一个"闯"字。

"闯"这个字,门里一匹马。这个"门",指的是一个领域,一个行业,也可以是一种规矩。我们知道,一道门把世界分成两半,门内和门外。门内的人,向往门外的世界。外面的世界到底是风和日丽,还是狂风暴雨?是繁花似锦,还是十面埋伏?门外的人,想探究门内的世界。门内的世界,是美女娇娃,还是毒蛇猛兽?是金银财宝,还是危机陷阱?一切都是未知的谜。这个"马",指的是人才,人才是"千里马"。"闯",就要求我们成为一匹千里马,有破门而入的勇气,有夺门而出的胆识。想前人所未想,做世人所未做。

要"闯",就意味着要改变现状,放弃现在拥有的,而后破旧立新、创造未来。要"闯",就必须抓住大目标,舍弃小利益。这一点说起来容易,做起来难。因为你舍弃的是眼前实实在在的既得利益,而你追求的是未知的、有风险、看不到、摸不着的、不可预期的东西;放弃的也许永远失去了,追求的不一定就能得到。很多人就这样反复计算,斤斤计较,紧紧抱住眼前的东西害怕失去,慢慢打消了"闯"的勇气。但世界上很多事,你不去试一试、闯一闯,很难获得成功。

现在社会上广泛散布着一种"国进民退"的舆论,我认识的一些人投资、做事普遍变得过于谨慎,小富即安的保守思想在蔓延。其实,越是在这样的环境里,越需要逆势而上,越需要"闯"。这个"闯",不仅指敢冒风险、敢负责任的胆魄,还指永不停步、不断跨越自我的一种境界。困难并不可怕,可怕的是缺乏战胜困难的勇气和智慧。换个角度来看,困难是机遇,困难是空间,困难是希望!

只有经受困难、战胜困难、敢"闯"敢试的人,才能在风雨之后见彩虹。

只有"敢为天下先"的人,才能让自己的人生过得更加壮美。

谢谢大家。

传承与发展温州精神*

关于温州精神,仁者见仁,智者见智。比如,著名经济学家钟朋荣就把温州精神概括为四句话:白手起家、艰苦奋斗的创业精神;不等不靠、依靠自己的自主精神;闯荡天下、四海为家的开拓精神;敢于创新、善于创新的创造精神。任何一种文化精神都需要与时俱进,钟朋荣的四句话能较好地诠释一个历史阶段的温州精神,那么随着时代的进步、社会的发展,我们现在又需要什么样的温州精神呢?

当前温州不少企业都面临创业者和继承者的交接班问题,温州的新生代逐渐走上历史的前台。这一代的温州青年,打出生起就拥有较父辈更为得天独厚的成长环境:不愁吃,不愁穿,不愁行,不愁住,自小就接受了良好的文化教育,不少人还出国深造过,具有硕士、博士学历的也不乏其人。对这一代的温州青年而言,父辈"白天当老板,晚上睡地板"的艰苦经历他们已难得体验。

一些和我差不多年纪的企业家经常向我诉苦或者抱怨,说自己当年那种吃苦耐劳、勤俭节约、锐意进取的精神在子女辈身上已经很难找到,相反,贪图享受、奢侈浪费、没有担当等毛病倒是不少,使自己对企业的交接班增添了重重顾虑。现在有个很热门的词汇叫"富二代"。《鲁豫有约》栏目最早将"富二代"定义为80年代出生的富家子女,是我国改革开放以来最早一代民营企业家"富一代"们的子女,如今他们靠继承家产,拥有丰厚财富。可以说,"富二代"这个词最早出现的时候还是中性的,但最近网络上出现的一些热点事件,使"富二代"不再显得那么光彩,"富二代"更多地成为纨绔子弟甚至败家子的代表。

显然,温州青年不能成为这样的"富二代"。

和父辈迫于"七山一水二分田"的生存压力而不得不勇闯天下有所不同,这一代的温州青年在物质上已处于相对富足的阶段,父辈们已为他们积累了较好的基础,一味提倡"艰苦奋斗"可能已不合时宜,对父辈身上体现的温州精神,这一代温州青年既要传承,更要发展。

浙江省委副书记李强在担任温州市委书记的时候,曾指出过温州精神的局限性。比如,有竞争意识,但有时缺乏合作、协作和甘当配角的精神;很精明、很

---

* 本文为2012年6月17日在上海温青联2012年会上的主题演讲。

务实,但有时往往偏重于眼前利益,缺乏长远眼光;重人情,亲和力强,但有时规则意识不够。我认为,李强书记当年指出的既是温州精神的局限,也是温州精神发展的空间。

这一代的温州青年读的书比父辈多。我相信,他们更懂得合作精神的重要性,因为越来越多的温州青年懂得优势互补、抱团干事业;他们更善于用长远的眼光看待事业发展,因为越来越多的温州青年已经开始尝试跳出温州企业原本立足的传统制造业,涉足新兴产业,上海温青联就有不少青年才俊涉足金融、法律、医疗、教育、科技等领域,并取得了一定成就;他们更讲究规则意识、契约精神,善于用法律规范约束自身行为。上述这些可贵品质,我在与上海温青联的朋友们以及其他温州青年接触中多有所见,这些都是温州精神顺应时代潮流的发展与延伸。

改革开放30余年来,温州精神的内涵与外延发生了巨变。这30余年来温州人财富的获得与积累,固然离不开温州精神产生的内在驱动力的作用,同时,也离不开我们所处这一伟大时代赋予的外在助推力的作用。得益于小平同志"共同富裕"政策而率先富起来的温州人,尤其是承荫父辈的温州青年更有义务去提倡并实践两种精神——感恩精神和责任意识。

一是感恩精神。父母的养育之恩,老师的教育之恩,领导的关怀之恩,同事的帮助之恩,亲友的扶持之恩……我们每一个人,都生活在感恩的空气中。只有懂得感恩,才会懂得珍惜。这一代的温州青年,应该感恩改革开放这个伟大时代所赋予的无穷机遇,应该感恩父辈呕沥半生、辛劳积累所创造的无形和有形财富,唯有如此,我们才会更加珍惜这个时代,更加珍惜父辈遗留。我经常这样问自己:如果不是身处这样一个时代,我办企业、办学校能取得这样的成功吗?如果不是母亲言传身教很多做人的道理给我,我能在当下的社会游刃有余吗?答案是不能的。经常这样问自己,使我一直怀有一颗感恩之心。

二是责任意识。责任无处不在,父母养儿育女,老师教书育人,医生救死扶伤,工人修路搭桥,军人保家卫国……这些都是责任的体现。美国大片《蜘蛛侠》有句台词很经典,"More power, More responsibility",中文译为"能力越大,责任越大"。我认为,这一代的温州青年有更大的能力履行更多的责任:因为与全国大多数地区、大多数人相比,这一代的温州青年率先温饱、率先小康、率先致富,如果说创造财富是一种能力的体现,那么善用财富是一种价值的体现。善用财富去帮助需要帮助的人,去支持需要发展的公益事业,这就是责任意识的体现。当然,责任的内涵与外延不仅仅限于此。比如,我作为一所民办高校的董事长,为社会培养更多合格的人才就是我办学的责任;比如,青联中有不少法律界的温州青年才俊,你们坚守正义的天平、扶危济困就是责任的体现;

比如，青联中有不少自办企业的温州青年才俊，你们殚心竭虑把企业做大做强，为社会解决更多就业，为国家缴纳更多税收，这也是责任的体现。责任只有轻重之分，绝无有无之别，每个人都可以根据自己的能力和条件履行不同程度的责任。

感恩与责任，不仅是我所办上海建桥集团企业文化的核心内容，也是我所办上海建桥学院校训的核心内容。我会不遗余力地提倡并践行感恩精神、责任意识。

最后，我以两句话作为今天主题发言的结尾：

> 传承温州精神，温州青年责无旁贷！
> 发展温州精神，温州青年重任在肩！

愿与诸君共勉。

敢做梦，会逐梦，能筑梦*

各位领导、各位来宾、温青联的朋友们：

大家好！

今天在座的有很多老面孔，也有很多新面孔。这表明自2005年上海温青联成立以来，尽管一代新人换旧人，但温青联一直在稳定前行。作为第一任会长，我很欣慰地看到，这十几年来，上海温青联很好地秉承了"传承温州精神，共促沪温发展"的工作宗旨，成功经受住时间的洗礼。从最初落土上海、新生发芽，到如今根深叶茂、蓬勃发展，上海温青联把在沪温籍青年才俊召集在一起，使大家互通有无、紧密连接、共同进步，充分展示出温州青年勇立潮头、超越前人的昂扬风貌。我很兴奋地看到，我们有谷好好、黄豆豆这样在艺术领域蜚声全国的才俊，也有孙校侠、胡戎恩这样在学界建树颇丰的学者，也有在科创领域崭露头角的先锋，在金融领域、教育领域等也屡屡有杰出的温籍青年涌现。作为一位已不再年轻的温州人，我深深为你们骄傲，为作为一名温州人而自豪。在此，请允许我代表老一辈的青联人，向一直以来在各自岗位上努力实践自身价值、为社会积极奉献的新老委员们，表示衷心的感谢并致以崇高的敬意——感谢你们为在上海的数十万温州人争得了荣誉，塑造了积极正面的形象！

"国家欲发展，青年必当先"。不同面孔的青年人，在不同时代有不同选择，但相似的是，他们以自己蕴藏的巨大能量，创造青春的意义，改变世界的风貌。青年，受时代厚爱，他们追逐梦想，引领潮流。青年，又心怀家国，他们肩负责任，塑就历史。这个青春的5月，面对那么多青年朋友，我想就自己青年时期的经历跟各位聊一聊我们那代人的梦想与担当。

我记得1979年，当我拿到江西财经大学录取通知书的时候，我一路狂奔回家对母亲说："妈妈，以后大队的会计肯定是我当了！"那时候，我的梦想是当一个大队会计。

毕业以后，我当了九年的大学老师。1992年我下海办企业，通过拼搏有了比较多的资金积累。有一天，我和母亲聊天。她说："你真的有钱了，去办个学校吧！让更多的小孩有读书的机会，也就给更多的家庭带来了希望。"当时跟母

---

* 本文为2017年5月6日在上海温青联年会上的主题演讲。

亲的这段谈话,确实触动了我的灵魂,重新唤起了我投身教育的梦想。1999年,我和几个朋友变卖了工厂来到上海,筹建上海建桥学院。办学17年来,学校飞速发展,从最初一所职业技术学院,蜕变成全国知名的本科院校,已为社会输送近40 000名合格人才,成为上海地区占地面积最广、建筑面积最多、在校生规模最大、校园最优美、办学水平领先的民办高校。

老实说在2000年的时候,尽管我相信一定会把学校办好,但我真没想到能办成今天的规模、办出今天的影响。所以,我想说的第一点是:青年一定要敢做梦。梦想,是不用逼迫我们也会去做的事情,是我们内心真正渴望的信仰,是我们坚持就会感到幸福的东西。每个人生而不同,也曾怀揣各种梦想,但经过岁月磨砺,我们或放弃、或遗忘了它们。抛却梦想、失去热忱,无异于心灵垂老、步入暮年。我们为什么不能坚信这样一种信念:梦想总是要有的,万一实现了呢?最初我只是想做一名普通的会计,但是,这个梦想却成为我日后一切可能的最初起点,让我实现更多的可能。在上海温青联中,有那么多出色的年轻人,你们的起点比我更高、条件比我更好,你们带着自己五彩缤纷、形形色色的梦想,从温州出发,来到上海,也将比我有更多施展拳脚的空间、更多创造未来的机遇。

第二,青年人要会逐梦。不同时代,梦想不同;不同阶段,梦想不同。身处革命抗战的中国青年有过驱除鞑虏、匡扶中华的梦想;经历改革开放与市场经济的中国青年,有过经商下海、富强中国的梦想;当下新时代的号角正在召集每一个有志青年为此奋斗拼搏,创造美好未来,实现民族复兴。梦想是会随着国家大环境、随着自身发展而改变的。我从当一个会计、实现自我价值的梦想,到办一所学校、更好回馈社会的梦想,正是体现了这种变化——能力越大,责任越大,也驱动着我不断通过追求更高的梦想,履行更大的社会责任。作为感受时代脉搏最灵敏、最迅速的青年人,只有把自己的发展,同国家前途、民族命运、人民幸福紧紧结合,只有从一个"利己"的人成为"利他"的人,才能让梦想的航船在辽阔、变动的汪洋历史中,看到沿途的灯塔,才能使我们"由狭隘的地域的人,变为世界的历史的人",在我看来,这才是最有意义、最富价值、最值得倡导的梦想。温州人是率先富起来的一批人,我们更应该自觉担负起更多的社会责任,在践行公益、回馈社会方面也应该成为率先迈出去的一批人!当然,在逐梦的过程中,一定要坚守内心的"道德律",不能走偏门、走邪路去实现自己的梦想。

我想说的第三点是青年要能筑梦。"实干兴邦,空谈误国",梦想,在梦的虚幻世界成形,却要在现实世界实现,只有当你明白自己必须做什么,并且开始做的时候,你的梦想之旅才真正开始。作为站在知识和行业前沿有见识、有胆识的青年,你们一定要不断学习,拓宽视野,艰苦奋斗,紧跟飞速发展的时代步伐,扎根本职工作,肩负社会责任,为国家创造财富。另一个是创新。上海温青联在创办时就有着很好的创新基因,我们是国内第一个跨区域联合领导的青年联合会,希望各位在各自工作中也能敢于打破常规,不受传统束缚,发表独到见解。在上海的温州青年,要更加具有主人翁的精神,更好地融入上海这座城市,我们不仅仅是财富的代名词,更要做公益、慈善、责任、担当的代名词。

◉ 梦想与担当

泥泞之路,方能诞生跋涉者;青年之力,方能肩负国家梦。"盖青年者,国家之魂",时不我待,历史的机遇近在眼前。最后,希望各位不负年华,不负时代,击楫中流,勇于担当,让青春的锐气贯穿长虹,让生命的深泉不断涌流。

谢谢大家!

第二章
建桥精神

◉ 建桥精神

奉献中国：建桥的故事[*]

各位同学：

大家好！

首先，我代表上海建桥学院对大家的到来，表示热烈的欢迎和衷心的感谢！

同学们，当你们踏进上海建桥学院的时候，首先看到的肯定是"上海建桥学院"这个校牌，题字的是费孝通先生。费孝通是全国人大副委员长、民盟中央原主席、著名的社会学家。你们肯定会比较好奇，我们这所学校为什么叫"建桥"？你们从东大门进来的时候，会看到一块巨大的黄蜡石，这块黄蜡石重36吨，是从广州运过来的，上面写了八个大字——"感恩，回报，爱心，责任"，这就是上海建桥学院的校训。你们可能也注意到，在大礼堂前面，竖立着一尊雷锋像，你们可能也会觉得很好奇，因为在我们国家的高校里，雷锋雕塑已经很少能够看到。今天就这三个问题，我为大家讲一讲建桥的故事，还有我们的建桥梦。

桥：忍辱负重、成就他人

我出生在温州的农村。小时候，我家前面就是一条小河，河的对面是我当时读书的学校。这条河上有一座小石桥，每天我都要从这条桥上来回走很多趟。尤其是到了夏天，我经常和小伙伴们在桥上纳凉、玩耍。有一年，当地举办一个龙舟比赛，来桥上观看的人很多，把这座小桥挤塌了，当时还死了不少人。第二天我要去上学的时候，突然发现走不过去了，只有二三十米宽的这条小河变得难以逾越，要绕很远的弯才能到达对岸。那一天我开始真正体会到桥的作用，我觉得桥是帮助我们克服困难、到达成功彼岸的重要工具。读初中的时候，我还写了一篇作文《忍辱负重，成就他人》，这是我对桥的品格的一个总结。桥被无数人踩在脚下，桥总在默默地奉献自己。在现实生活中离不开桥。如果没有桥的帮助，我们就无法到达成功的彼岸。于是桥就成了我学习的榜样、心中的图腾。后来，我母亲带领大家出钱出力，重新把这座小石桥修好。我再走过这座小石桥时，心中多了一份对母亲的尊重。原来我觉得自己的母亲很平凡，

---

[*] 本文为2019年9月9日在上海建桥学院体育馆为全体2019级新生主讲"建桥的故事"。

就是一个农村妇女,但是从她带领大家修桥铺路这件事上,我看到了她的伟大,也理解了为什么中华民族一直把修桥铺路当作美德加以弘扬。所以当我经商赚了钱以后,第一件事就是捐了一笔钱给我的母校江西财经大学,造了一个音乐休闲广场,造在江西财经大学研究生部那里,现在还是很漂亮的一个景点。第二件事,就是捐了200多万元重新把老家的这座小石桥修复如初。

大学毕业以后,我学会了打桥牌。打桥牌的时候,最重要的一件事就是不能"断桥",桥牌的"桥"是什么意思?就是沟通、连接、传递信息的意思。会打桥牌的同学可能知道,如果你拿到一副好牌,打个比方,假设你拿到了黑桃AKQJ1098765432,这绝对是一副好牌。但是,如果打的不是黑桃主,又不是你来出牌的话,其实这就是一把废牌,没有桥可以过来,你的大牌一点用处都没有,所以桥牌当中最重要的是不能"断桥"。桥牌就是让配合的双方要理解沟通、传达正确信息、互相支持,这样才能达到最佳的效果。现在的资讯十分发达,电话、手机、微信、互联网……我们沟通起来、使用起来都很方便。但是现在人们心灵之间的沟通却越来越少,人与人之间在某种意义上反而变得更加冷漠。我认为,沟通是人的一种能力,只有通过沟通,你才能知道对方在想什么,也只有通过沟通,你才能告诉对方自己想要什么。一个善于沟通的人,他的朋友很多,生活也会很阳光,将来也能够成就一番大事业。所以也希望同学们在学校学习期间,不仅要学习专业知识,也要学习沟通能力,多和同学沟通,多和老师沟通,经常和自己的父母沟通。一个人如果关起门来不与别人沟通、封闭自己,你不理睬别人、不理睬社会,别人也不会理睬你,社会也不会给你更多的机会。我想这就是打桥牌中"桥"的又一层含义。我经常说,世界虽然很冷漠,但我们要保持一定的温度。

说起桥,我有很多感慨。每次经过南京长江大桥的时候,我都会为自己是个中国人而骄傲。在南京长江大桥建造的时候,中国跟苏联断交,苏联把所有的专家都撤走了,当时全世界都认为中国人不可能也没有能力把南京长江大桥造起来。但是我们中国人凭着自己的智慧把南京长江大桥造起来了。所以,每次经过南京长江大桥的时候,我都会想起当年那个场景,我每次去南京也会跑到南京长江大桥上面走一走,感受一下那种氛围,激发一下自己的爱国热情。

现在在上海,每天很多人都要经过卢浦大桥、徐浦大桥、杨浦大桥、南浦大桥等这些大桥。经过这些大桥时我也会想,如果没有这几座大桥,上海能发展得这么快吗?浦东能发展有今天的辉煌吗?显然是不可能的。讲到这几座大桥,我就想起上海建桥学院的第一任名誉校长李国豪院士。李国豪先生曾是上海民盟主委,我也是民盟的。他当过上海市政协主席,也当过同济大学校长。人家称他"斜拉李",这个"斜拉李"是什么意思呢?就是我们现在造的桥很多是斜拉桥,斜拉桥以前并没有,它的基础理论就是李国豪先生提出来的。所以他在国际造桥业名声相当大,对世界造桥业做出了巨大贡献。有一个很感人的故事:当时上海要造南浦大桥的时候,原来打算交给日本的一家公司来造,李国豪找到当时的上海市委书记江泽民,说中国完全有能力自己造好这座大桥,为了保证这座大桥的质量,他愿意当顾问,监督造桥的质量。在李国豪先生的说服下,上海市政府就把造桥任务交给了中国的企业。南浦大桥造好以后,中国的造桥业取得重大突破,造桥的水平也越来越高。现在如果中国说自己的造桥技术是世界第二的话,我想还没有哪个国家敢说自己排名第一。李国豪先生特别平易近人,他多次到建桥给学生做报告,很受大家欢迎。可惜李国豪先生已经去世了,大家也没办法再看到他了,但是他给我们建桥师生员工留下了非常深刻的影响,他到建桥的一些细节我都永远铭记在心。

我们的第二任名誉校长杨福家院士也很厉害,他是我们国家著名的核物理专家。他当过复旦大学的校长,当过英国诺丁汉大学的校长,我们中国人在国外知名大学当校长的,杨福家是第一人。他坚守这么一个承诺,每年都会来建桥给我们新生做一场精彩的报告。在建桥,大家以后还会接触到很多知名的教授、学者。正是因为集聚了一大批优秀的教师,上海建桥学院这几年才能比较快速地发展。

刚才我提到了桥牌,借此机会,我也想给大家讲一下我的业余爱好,我最爱的其实还是围棋。1983年,我大学毕业分配到贵州工学院教书,当时无意中看到一本传记小说,就是陈祖德写的《超越自我》这本书。这本书我郑重推荐给大家,非常值得一看!陈祖德是我们国家第一位九段棋手,他身患癌症,还创造了很多了不起的成就,是一位相当受人尊重的围棋界前辈。后来陈祖德跟我非常要好,他一生当中跟业余棋手下围棋下得最多的就是我。我们两人对弈的局数超过100盘。当时受到《超越自我》这本书的影响,我开始学围棋。后来以聂卫平为代表的中日围棋擂台赛,更是把我的学棋热情推向高潮。直到现在,哪一天不下棋,我就觉得浑身难受。所以说围棋已成为我一生中的最爱。

我当了三届中国围棋协会副主席,也当了四届上海围棋协会主席。上海建桥学院的围棋发展是相当辉煌的。上海建桥学院队多年来一直是全国联赛中的乙级队,在大前年升格为甲级队。全国围棋甲级队只有16支,上海建桥学院队就是其中的一支。本月14日,我们以第八名的成绩主场对阵第七名的江西队。到时会有大盘讲解,欢迎同学们届时到场观战,比赛地点在图书馆六楼。还有,建桥赞助的一个杯赛也相当有名,这就是"建桥杯"中国女子围棋公开赛。这项比赛我们已经连续举办17届,去年的决赛放在香港,纪念金庸先生的去世。今年的决赛将放在澳门,以纪念澳门回归20周年。在国内由民办学校或者民营企业赞助的围棋赛，能超过十届的也只有建桥。"建桥杯"是目前国内女子围棋最高规格的一项赛事。这不仅仅是指冠军可以获得 30 万元的奖金，而且指持续的时间。作为中国女棋手，能拿到"建桥杯"冠军，那是她最高的荣耀。这个杯赛，上海建桥学院还会继续赞助。中国的"新人王"比赛，我们也连续赞助了 12 年。我们赞助的很多地方赛事，如浦东的"建桥杯"、温州的建桥棋王赛、乐清的建桥名人赛等，都已经举办十年以上。这不仅是一种商业活动，还是我自己、建桥对围棋的喜爱。以后有机会我会抽一天时间，给大家专门讲一讲我对围棋的一些理解，它对人生的意义。

另外，上海建桥学院也赞助了上海国际象棋队很多年。之前上海国际跳棋队也有大量时间是在建桥集训的。在上海国际跳棋队里，你们有一位师姐刘沛，也是建桥的学生，刘沛为中国拿到好几个世界冠军。大家可能没有想到吧，我们建桥的学生也能够为国争光，拿到世界级的冠军！上海建桥学院除了每年一度的田径运动会以外，还有每年一届的智力运动会。项目包括围棋、桥牌、国际象棋、中国象棋、国际跳棋，还有五子棋。这几种智力运动学校还开设了选修课，希望大家踊跃报名参加。人生总要有一些爱好吧，我们每天的爱好不能仅仅是网络。譬如说围棋，我觉得一位女士如果会下围棋，能在棋盘旁边安安静静地坐着下棋，我就觉得特别优雅，会得到更多男士的喜爱。大家都知道的，"阿尔法狗"出现以后，整个世界对围棋的热情越来越高。我也希望建桥的学生中有更多的围棋爱好者、桥牌爱好者……智力运动，对人的智商、情商培养相当有好处。

讲到了体育，我再讲讲上海建桥学院的击剑队，在全国它可以用四个字形容，那就是"赫赫有名"。上海建桥学院击剑队从成立到现在为止共十年时间，你们的师姐、师哥已经拿到很多全国性奖牌，真的很不容易！也为国家培养输送了很多人才。在上海的大学中，说到击剑，我相信建桥肯定排在第一位。前年和去年的上海高校篮球赛冠军也是建桥队。另外，上海建桥学院的拳击队，不仅男子拳击队，还有女子拳击队，都相当厉害。我们还有一项运动帆船，奥运冠军徐莉佳是我们帆船俱乐部的总指导。上海建桥学院队是前年上海大学生帆船联赛的亚军。我们学校靠近东海，这里有一个很著名的景点叫滴水湖，在那里进行帆船运动是理想之地。将来我们还要把帆船这个项目做得更好。我讲了这么多师哥、师姐在体育方面取得的成绩，也希望你们能够热爱体育运动。体育不仅让我们强身健体，更能磨练我们的意志，增强规则意识和集体主义精神，为我们将来的工作、将来的生活打下良好的基础，让我们有更好的精神面貌去面对将来人生中可能碰到的各种困难。因为我们对体育的重视，建桥获得了国家体育总局颁发的全国群众体育先进单位。

学校还有很多社团，我也希望大家能够积极参加，以锻炼自己的社交能力、沟通能力和领导能力。建桥的版画社在全国都很有名。有一次我在云南，参观云南省的版画社，对方不知道我是上海建桥学院的董事长，他向我们介绍的时候说，"你们上海有一个地方的版画做得特别好，就是上海建桥学院"。那天我听了特别高兴，所以像现在有一些领导来参观建桥，我总要带到版画社去看一看，建桥学生的版画也成为上海建桥学院对外的重要礼品。做得好的社团还有很多，我希望大家根据自己的兴趣和爱好尽量参加一两个社团，这对你们的能力提高会有很大的帮助。

刚才讲了这么多，其实就讲了我对建桥的热爱，对桥的热爱，所以我把我们这个学校取名为"建桥"，道理就在这里，希望建桥的所有师生员工能够学习桥的品质，忍辱负重，成就他人，希望大家都能学习桥的精神，默默奉献。大家可能还想到，建桥和英国的剑桥谐音，当然我们和英国的剑桥大学相比还有很大的差距。但是任何一所伟大的学校，它都不是一天成就的，我相信，通过50年、100年、200年的努力，上海建桥学院也能办成一所中国的知名大学，甚至可以办成一所世界知名的大学。这条路会很难很难，但我相信只要努力，脚总比路长。

一生感恩三位"母亲"

讲到了建桥，我想给大家讲一讲校训，我最早提出"感恩，回报，爱心，责任"作为建桥校训的时候，也遭到很多人的质疑。有的人觉得，现在都是讲竞争，你讲感恩，是不是有一点落后于时代？也有人质疑，讲感恩是不是有一点宗教色彩，好像佛教、基督教等等都是在讲感恩的？后来到了2005年，我记得《上海市中学生学生手册》里多了一条"学会感恩"。2010年，在上海建桥学院十周年校庆时，我们正式把"感恩，回报，爱心，责任"作为校训。对这个校训大家是否感觉到和别的大学校训有点不太一样呢？在大学校训中，"开拓，进取，团结，创新"这八个字用得是最多的。

建桥校训八个字的核心是"感恩"。感恩是一个人最起码的素质。我觉得这个社会不懂得感恩的人不少，作为一个大学生，我们要引领社会去学会感恩。我觉得，从个人来讲，人要学会感恩；从社会需要来讲，我们要引领社会有一份感恩之心。一个人，只有学会了感恩，他才知道知恩图报，他才会对别人有爱心，他才会对做任何一件事都有责任心。我觉得一个懂得感恩的人，他才是一个合格的公民、合格的人，才具备完整的人格。感恩之心是我们每一个建桥人、每一个建桥学子，都要逐步树立、学习、践行的最重要的一件事。

回忆一下,我们一路走来,要感恩的人,要感恩的事,实在太多太多。我觉得人至少要感恩三位"母亲"。

第一位是生养我们的母亲,是她含辛茹苦把我们抚养成人,在生活上照顾我们,在物质上支持我们,在精神上慰藉我们,教会我们很多做人的道理,教会我们很多处事的方法。母亲为我们做出了最无私的奉献。如果有人连母亲都不懂得去感恩的话,我觉得他就不是一个合格的人,是一个不完整的人,甚至我觉得,一个人如果连自己的母亲都不爱,他不可能爱同学,不可能爱朋友,也不会爱我们的祖国。人的感恩之心,首先要从感恩生养我们的父母开始。没有他们,就没有我们;没有他们,我们就失去了很多依靠。有的同学对母亲、对自己的父母可能有很多怨恨,希望你们通过在建桥的几年学习和教育中,慢慢地消除这种心理,学会给母亲、给父亲更多的爱。父母送你们来到建桥,他们确实有很多期待,大多数的父母会怎么想呢?一个是希望你们在建桥身体健康,不要出什么意外。第二个期待肯定是你们好好学习,将来顺利地拿到毕业证书。第三个期待肯定是希望你们将来找到一份好工作,成家立业,过好自己的生活。我想大多数的父母都是这样期待我们的,这也是他们对我们的要求。感恩父母不能光说在嘴上,更要落实在行动中。怎么落实在行动中?我想最重要的就是好好读书,拿到毕业证书。有人问我:"周董,你觉得建桥有什么最让你痛心的事?"我说:"我每年都会看到个别的学生,因为自己的懈怠,因为自己的不努力,没有顺利拿到毕业证书。"我觉得这是最让我痛心的事。想想父母对我们的期待,一个最基本的要求我们都没有做到,怎么回去向父母交代?虽然这个毕业证书不完全代表水平,也不完全代表你的人格和品格。但它毕竟是父母的期待,毕竟是我们走向社会的"敲门砖",我想无论你认为它有用也好、没用也好,我还是拜托各位同学好好学习、顺利拿到毕业证书,这才是对父母最好的报答。

我们在座的不少同学来自农村,我也来自农村,童年时代、少年时代那种贫穷的滋味,我尝过。其实那个年代整个中国都很穷,我知道穷的滋味。我大学毕业以后到贵州去教书,我对贵州的农村也很了解。这几年,上海建桥学院在全国各地总共援建了40多所希望学校和烛光学校,几乎每年我都会到中国最贫穷的地方去一趟。很多贫穷的地方我都去过。我想作为一个普通的农民家庭来讲,供你们来读书真的是太不容易。我简单地算了一笔账,2.3万元的学费,当然个别专业可能还不止,3 000多元的住宿费,四年下来至少要十万元。还有生活费,大多数学生可能是每月1 500元,这是一个平均值,四年下来六万元没有了。16万这不是一个小数目,可能对上海这样的大城市、相对比较富裕的家庭来讲,它不是很重的负担,但对于大多数来自农村的小孩来讲,对一个农民家庭来讲,这16万意味着什么?大家多想想父母的勤劳辛苦,多想想他们的节衣缩食。我希望你们千万不要在建桥虚度自己人生中最美好的时光。

  第二位是人类应该感恩的地球母亲。宇宙是无限大的,这个宇宙中有这么多的星球,只有地球收容了我们人类。人类所需要的各种东西,地球母亲都给了我们:你要空气,给你空气;你要阳光,给你阳光;你要金矿,给你金矿;你要山,给你山;你要河,给你河。人类所有需要的东西,地球母亲都无私地给了我们。那么,我们对地球母亲又做了什么呢?作为一个地球人,对地球母亲的爱护太少了,对地球母亲的索取太多了。从1880年开始有地球气温检测以来,这几年地球的气温在不断地升高。气温升高不仅意味着冰川消融,北极熊无家可归,马尔代夫很快会被淹没。如果气温再持续升高的话,人类也终将灭亡。引起地球气温升高的原因在哪里?就是我们的碳排放,就是我们对臭氧层的保护不够,就是我们消耗和浪费了太多的资源。所以我想我们要更加爱护地球母亲。我们应该怎么做?每一个地球人都应该行动起来,少用一点资源,不要浪费资源,具体就建桥来讲,少用一度电,少用一杯水,少浪费一点粮食,这就是对地球母亲最大的爱护。爱护我们的环境、爱护周围的草木,我觉得爱护地球就不是一句空话。不是说我们非要做多大的事情,实际上,只要我们每一个人都去做好普普通通的小事,地球母亲就会变得越来越好,气温不断上升这个毛病终究能够治好。大学是引领社会的一个重要场所,我们每一个大学生在世界观、人生观、价值观方面一定要引领社会,不仅自己要做好,还要动员自己身边的人,更多地爱护地球母亲。

  第三位是社会母亲,我们也要去爱。尽管这个社会有些丑恶的现象、不公平的现象,但是从长远的角度来讲,这个社会还是公平的。"种瓜得瓜,种豆得豆"。你越努力,得到的结果也就越好。虽然你的努力不一定就能成功,但至少成功的几率会变大。另外,"善有善报,恶有恶报",好人会得到好报,坏人总会受到社会的惩罚。这个时代给了大家很好的学习、工作、发展的舞台,也给了每一个人发展的机会。我们要对这个时代、对这个社会、对伟大的祖国心存感恩。大家想想,如果中国很落后,你在世界上有地位吗?国家强大了,我们每一个中国人,在世界上就有地位,就有话语权。将来你们出国、做国际贸易等,都会深刻体会到背后伟大的祖国母亲在支撑着每一个人。一个现代青年,总要有一定的情怀。这种情怀,就是爱,对母亲的爱,对地球的爱,对祖国的爱,对社会的爱,我想只有这样的人才能活得更加幸福、更加快乐。关于感恩,我就讲这么三点。我自己也会和大家一起好好地践行校训这八个字,我也会把"感恩"当作人生的行为准则。

建 桥 雷 锋

大家都看到在大礼堂前面有一尊雷锋像。这个雷锋的铜像,是2010年十周年校庆时落成的,为雷锋像揭幕的领导有当时的上海市委副书记、现在的上海市人大主任殷一璀女士,有当时的副市长、现在的海南省省长沈晓明,还有当时的统战部部长、现在的中纪委副书记、国家监察部部长杨晓渡。我倒不是在炫耀领导的职务,是为了说明这些高层领导对雷锋像的落成所给予的充分肯定。我记得当时殷一璀书记问我:"周董啊,你为什么会想到树一个雷锋像?"我说:"我要给我们的学生、我们的教师、我们的员工树立一个榜样。雷锋是个好人,坚持做好事,我觉得雷锋精神永远不会过时。而且雷锋是一个很平凡的人,他的事迹好学,不像邱少云、黄继光,我们没有这样的机会,现在也用不着我们这样去做,雷锋就是一个平平凡凡的人,我们每个人都能够学会。所以,我把雷锋当作我们学校的一个楷模,一个学习的榜样,我也希望建桥的学生都能够成为活雷锋。"

⊙ 雷锋像

人做一件好事很容易,难的是一辈子做好事。雷锋就是这样一个人,坚持做好事的一个好人。我们知道老子讲过一句话,"从善如登"。这句话是什么意思? 就是说做好事就像登山一样困难,你越爬越高的时候,也越来越难爬。一直做好事难在哪里? 我自己理解有这么几点。

第一点,做好事不能求回报。求回报那就叫投资,做好事就是只有付出,不能为名为利,做了好事也不能到处嚷嚷,求得别人的表扬和好评。做好事需要一定的修养。如果做好事希望别人来表扬,希望这件好事明天在报纸上登出来,期望太多了,其实就不是做好事,那就叫投资。当回报达不到预期的时候就会失落,就会觉得没价值,就会觉得没必要去做好事。所以我觉得做好事难,第一点就是不能有求回报的心理。

第二点,做好事经常是好心没好报。人与人之间还没有充分的一种信任感,你做了好事,人家却在质疑,你为什么要做好事? 你为什么对我这么好? 你的动机是什么? 你的目的是什么? 可能会遭到别人的质疑,甚至会有坏人利用你的好心欺骗和蒙蔽你。有时好心会没好报,所以做好事难。

第三点,做好事需要成本,包括时间成本、经济成本,甚至包括感情。做一件好事容易,坚持一辈子做好事就很难。正因为难,有句话叫难能可贵,所以我们更不能放弃,我们要像雷锋一样坚持去做。我自己的座右铭就是"以善为本,做个好人"。当然每个人对自己都会有所要求。我觉得人最重要的是善良。中华民族的传统文化,母亲对我的教育,都让我觉得人人善良才是最重要的。在这个社会做个善良的好人其实蛮难的。

我记得是在2005年我去辽宁抚顺雷锋学校,因为这个学校的校长张平跟我是中央党校的同学。这个学校的老师、学生在学习雷锋方面做得相当好,我当时非常感动。后来,他们学校聘请我当课外辅导员。我当时在想,这所学校的小学生和初中生都做得这么好,建桥的学生为什么不可以好好学雷锋呢?在我的倡议下,建桥设立了学雷锋金质奖、银质奖、铜质奖。到现在为止,据统计建桥已经有7 000多名同学获得各种雷锋奖。建桥有很多奖学金,但雷锋奖是含金量相当高的一个奖。有很多已经毕业的同学告诉我:"董事长,我找到这份好工作,不是因为我的毕业证书,而是因为这个雷锋奖。"也就是说,其实现在用人单位很看重你的专业知识,但是更看重你的为人。用人单位一定会以"德才兼备,以德为先"来考虑用人。所以,雷锋奖我们还要继续做下去。前段时间我还跟党委书记、学生处长几个人商量,雷锋奖我们还要做更大的改进,这个金质奖是纯金的,我希望能设计得更大一点,更漂亮一点,再添一个大理石基柱,毕业了可以把这个奖放在办公桌上勉励自己,或者摆在家里,让自己的子女也都知道爸爸妈妈曾经"雷锋"过。

建桥已经涌现了很多"雷锋",这很让我们骄傲。可以这么讲,建桥的学生可能在英语水平方面比复旦、交大要低一点,数学基础可能也比他们差一点,但我相信建桥的学生在情商方面,在热爱生活、热爱生命方面,绝对不会比那些公办学校的学生差。建桥的学生人均献血量名列前茅,人均义工量名列前茅,每年的参军率名列前茅,每年支援云南、新疆、西藏做西部志愿者也比其他公办院校要多得多。我们的雷锋志愿者队伍被团中央评为先进集体,我们的学校也被中宣部评为全国文明单位,上海64所高校只有交大和建桥是全国文明单位。在全国750所民办高校中,只有建桥一家获此殊荣。

我们的建桥梦

现在全国民办高校大概有750多所,上海建桥学院最新的综合排名是第12位,教学质量排名是第九位,全国专业排名是第八位。在上海民办高校中,我们的排名都是第一位,在全国一线城市排名第一。应该说这个排名还算可以，但是我仍然觉得还有很多不满意。对上海来讲，中央对上海提出的要求是各行各业都要做全国的排头兵、领头羊，但是，作为上海民办高校的排头兵——上海建桥学院，并不是全国民办高校的排头兵。我觉得还是有一些遗憾的。作为一个教育工作者，作为一个新上海人，我感觉到真的有一份责任，有一份梦想，让整个上海的民办教育能够做得更好一点。

当别人问起建桥、叫我介绍一下建桥怎么样的时候，我通常很简单地向别人介绍建桥的"两高"和"两美"。"两高"是什么呢？

一高是高就业。这么多年建桥的就业率一直在上海名列前茅，好多年都排名第一。建桥的就业率为什么这么高？我觉得有这样几个原因。我自己分析：第一，我们的专业比较接近市场，接近社会的需要。社会最需要什么样的人才，我们就培养什么样的人才。比如，临港这个地方是上海最重要的智能制造基地，将来会在机器人专业、智能制造方面大力发展。为了适合临港的需要和整个社会的发展需要，我们在专业设置上紧跟市场。第二个原因是我们从办学的第一天开始，就确定了要办成一所应用性大学。我们一直贯彻这样一个教育理念，提高大家的实践能力、动手能力。很多用人单位也认为建桥的学生上手快，动手能力特别强。这也是我们高就业的一个重要原因。还有一点，全校上下对就业相当关心、重视。我们经常给自己的教师讲一些理念，大学毕业找一份好工作特别重要，你们要把学生当作自己的妹妹和弟弟，当作自己的子女，为他们的工作着急想办法。我甚至提出，如果哪一个单位一次性录用我们建桥五个学生，我肯定要陪他吃一顿饭、喝一顿酒。这当然是个玩笑话，不一定真去吃饭、喝酒，但是这说明大家对所有同学的就业问题都相当关心，把它当作自己的事情来做。

另外一高是高工资。在北上广这三个大城市，除了"211"学校以外的本科院校毕业生，公办和民办都加在一起，我们建桥毕业生的工资比他们每个月平均大概要高200元左右。这不是我们自己调查的，而是来自专业咨询公司麦可思的调查报告。另外，根据沙利文报告，上海本科大学生的初始工资是5 900多元，而建桥是6 100多元。建桥毕业生就业工资高的原因在哪里？是因为建桥的学生心态好，安心岗位，动手能力强，待人有礼貌，遵纪守法，懂得感恩，没过多久建桥的毕业生很快就当上班组长，当上经理，工资总是不断提升。

建桥的"两美"又是什么呢？第一，我们的学生心灵美。建桥美女多、帅哥多，这确实也是高校界对建桥的评价。有种说法是"建桥美女第一，建桥帅哥最多"。我一直认为，心中有爱，所以就帅，心地善良，所以就美。建桥的学生情商一点不比其他知名大学的学生差。从我刚才讲的一些事例也可以看出来，献血、义工、参军、支援西部等。我们的学生特别爱生活，特别热爱这个社会。一个人的情商往往比智商重要,我觉得人是一个感情动物,有兄弟情、父母情、祖国情、民族情,等等,你如果爱得越深,你的情商就越高,你对自己很爱,对别人很爱,对祖国很爱,对社会很爱,对大自然很爱,这样的人就是情商高。如果不懂得爱别人、爱社会、爱祖国,而是只爱自己,这就没有情商。建桥学生的心灵是美好的,正因为心灵美,所以我们的美女多、帅哥多。一个外表很漂亮的人,如果内心是邪恶的,你还会觉得他美吗?漂亮只是外表,美则是发自内心的。

第二个"美",是建桥的环境美。这个环境美,我倒是要给大家讲一个建桥学生的故事。三年以前我们的校区还在康桥,当时设计这个新校区的时候,有两家很知名的单位给出两个不同的设计方案,最后我们请了专家来评估,投票决定用哪一个设计方案。当时我记得请了一位建筑界很有名的院士来当组长,结果专家打分打出来,两个设计方案的分数是一样的。那天,院士就跟我讲:"周董,按照惯例,现在由你决定了,到底是用 A 设计方案还是 B 设计方案?"我说:"上海建桥学院真正的主人是学生,这个学校用什么样的建筑风格,用什么样的建筑方案,让学生来投票决定。"由学生决定学校的设计方案,我想这在我们国家的高校历史上可能还没有。我们是真的把学生当作主人。更让我感动的是,建桥有 79% 的学生参加了投票,这也说明学生真正已经把建桥当作自己的家。最后有近七成的学生投了我们现在这个建筑风格,建成了这样一个崭新的上海建桥学院,很有欧洲传统大学的一种特色。现在我也听到很多人在讲,我们这个校园好像看起来比边上的上海电机学院要漂亮一点,比上海海洋大学和上海海事大学好像也要好看一点。我听了以后感觉到骄傲,这个环境美的功劳不在董事会,而在我们的同学。环境美究竟美在哪里?校园中间有一条河,这是活水,这条河给我们学校增色不少。另外一个就是你们即将看到的,就是学校东北角还有 250 亩政府公共绿地,那里要建一个很漂亮的公园,方案已经出来了,建好以后建桥就会有一个特别漂亮的"后花园"。当然我们还要建一个钟楼,还要把教学楼用连廊连起来以方便大家。

关于建桥还有一些详细情况,我想以后你们可以通过学校的网站去了解,可能将来辅导员老师们也都会有介绍。你们以后会慢慢了解更多。应该说建桥和大多数民办高校相比,还是不错的,尽管它离我心目中的建桥还有很大的距离。

我记得在 2000 年的开学典礼上,当时我就提出一个奋斗目标:把上海建桥学院办成全国一流的民办大学。这就是我们办学的一个目标,这个目标我们一直没有动摇过,也一直没有改变过。这个难度还是很大的。什么是一流?我自己认为,办到全国前三位才算一流。可能我都等不到目标达成的那一天,但是我相信,办成全国一流,跻身全国前三位,建桥一定能够做到,这只是一个时间问题。我们的提法是把它办成全国一流的民办大学,而不是学院。对于大学,教育部有一些规定,有三个硬性要求。

第一个要求,土地面积不少于800亩,上海建桥学院现在的土地正好是800亩,实际上这一圈围起来大概有1 150多亩,是800亩的校园、250亩的公共绿地、100亩的河道。土地,我们已经达到教育部要求的这个指标。上海的土地特别珍贵,虽然是教育用地,这个土地当时拿的时候,就是每亩96万元,也就是说,光这块土地,我们就花了将近八个亿。第一期和第二期的整个建筑面积是46万平方米,总投资达30亿,学校将来还要持续不断地投入。第二个要求,副教授以上的老师不能少于200人,这个要求建桥也已经做到了。现在我们副教授以上的教师已经超过200人。第三个要求,专业硕士点不能少于九个,这个难度比较大,也是学校近期的一个奋斗目标。上海建桥学院现在也有研究生,但都是与东华大学、上海海洋大学、江西财经大学合招的研究生,已经有五届毕业生。建桥要解决这个招生资格的问题,目前还比较难,现在我们也在尽力争取。教育部也已经把上海建桥学院列入培育名单里面,我们各方面的工作都在加紧筹备。我相信这几年应该能够实现专业硕士点这样一个目标。当然,这需要我们大家一起努力!

◉ 为学生主讲"建桥的故事"

同学们，我想你们来到建桥的时候，大多数人的心情是无奈的，我相信没有几个同学是特别高兴的。因为很多同学考上了北大、清华，也有很多同学考上了不错的公办学校，而你考到了民办学校。可能父母在抱怨你，可能同学在奚落你，你可能也有点自暴自弃。而我希望通过前面的一些情况介绍，能让你感觉做一个建桥学生用不着自卑。你们的学姐、学哥应该让你们骄傲。还有一些家长认为，进了民办高校，就是孩子又输在起跑线上了。其实我特别反对这句话。中国的教育这几年过分提倡起跑线问题，我觉得这是急功近利的表现，危害性极大，因为人生的旅途不是百米冲刺，而是漫长的马拉松，起跑线并不特别重要，在人生道路上最重要的一件事情就是要走正确的路。人生道路有左拐，有右拐，有起伏不定，有坑坑洼洼，甚至还有很多回头路、很多陷阱，人生拼的是什么？拼的是耐力，拼的是意志力，拼的是选择方向对不对。所以我觉得，大家不要气馁，今天作为建桥的学生，我们在起跑线上并没有输给任何一所学校。即使在起跑线上输了一点点，也没有关系，只要我们努力，将来就能走出一条精彩的人生道路。我经常讲，坚持就是力量，持续就是影响。建桥教给你们的东西，不一定公办学校会教；我教给你们的一些道理，他们也不一定会讲。只要大家自强不息，自尊自爱，梦想就一定会实现。

最后祝大家身体好，心情好。

谢谢。

以高度的责任感和事业心投入工作*

各位董事：

大家好！

各位董事以及校领导为学校改革发展殚精竭虑、建言献策，成绩和贡献有目共睹。希望董事会全体成员还要加强学习，着力打造学习型董事会，不断提高董事会科学决策水平。每一位董事不仅要时时重温《上海建桥学院章程》，牢记自身职责使命，还要加强对民办教育相关政策文件的学习。

校行政班子团结一致干实事的工作作风值得肯定，校行政班子要继续立足民办和我校实际，坚持有所为有所不为，围绕学校"十二五"规划提出的"建设成一所有特色的、与地方经济社会发展紧密结合的、能培养高质量应用型人才的、国内有影响的多科性民办大学"这一目标有的放矢地开展工作。对办学过程中出现的问题、困难要认真予以分析、研究，对办学过程中涌现的好经验、好做法要及时加以总结、宣传。依靠个人的力量难以把学校工作开展好，希望校行政班子紧密团结、加强沟通、取智于民，群策群力把学校各项事业建设好。举办方将一如既往地支持学校建设，为实现"十二五"规划提出的战略目标提供扎实的物质保障。

全体董事具有高度的责任感和事业心。只有每一位"建桥人"都秉承"认真"二字，管理人员认真治教，教师队伍认真治学，学校的教学质量才能保障，学校才能越办越好。事关学生利益的问题，要尤其注意细节，要把每项针对学生的制度设计好、实施好。高校需要讲政治，要紧跟政治形势发展需要，谋划学校改革发展。十七届六中全会提出文化强国，我们要深刻认识这一命题的重要意义。希望全校上下集思广益谋划"文化强校"，真真正正使践行"感恩，回报，爱心，责任"八字校训成为师生们的行动自觉。没有调查就没有发言权，学校正值转型发展时期，内外部都面临着不少新情况、新问题，这就需要学校行政班子带头大兴调查研究之风，多下去走走、看看、问问、听听，着力打造一个"亲民"的班子。

关于两级管理，学校要坚持抓大放小，在抓好大局、揽好全局的前提下，尽

---

* 本文为2012年4月24日在四届六次董事会上的讲话。

可能赋予二级学院更多的自主权限。两级管理在推进过程中要进一步明确责权利,同时加强考核,不仅学校要加强对二级学院的考核,董事会今后也要加强对校行政班子的考核。希望学校做好各方面准备工作,争取早日获得专业硕士点;做好各项迎评准备,确保本科评估顺利通过。

继续发扬建桥"实干"精神*

各位董事：

　　大家好！

　　学校一学年来的工作应予充分肯定。同时，希望全体班子成员正视不足，加强学习，不断提高，与时俱进。学校要办得好，离不开特色学科、一流教师，为此，董事会将全力支持学校重点引进一批学术带头人。希望学校的工作能不断出现"亮点"，真正把建桥办成一所具有一定美誉度和影响力的一流民办大学。学校未来十年面临着申硕、国际化办学、建成大学等三大战略目标，希望学校领导班子带领全校教职员工继续发扬建桥"实干"精神，脚踏实地，坚持创新，锐意改革，积极进取，从而不断实现新突破。

---

* 本文为 2012 年 10 月 27 日在四届七次董事会上的讲话（摘要）。

建桥人要善于在逆境中创造奇迹*

各位董事：

大家好！

2014年学校最可喜的变化就是人心在凝聚、信心在增强、活力在增加。希望学校要加大改革创新力度，尤其是在学费调整、招生改革等背景下，一定要发挥民办高校的体制机制优势，根据市场需求灵活设置或调整专业，加大宣传力度，努力提高每一个专业的竞争力。如果说2014年学校主要在抓观念转变，2015年就要重点抓政策落地，以《卓越建桥计划》的启动实施为标志，学校又吹响了新一轮改革的号角，希望广大教职员工随迁临港，挥师南下，争取在临港新校区创造更多新成绩。2015年注定会是不平凡的一年，也会是困难比较多的一年，但建桥人善于在逆境中创造奇迹，在重重困难下创造出的成绩会更加珍贵，也更加彰显建桥人的智慧和战斗力。

---

* 本文为2015年2月4日在四届十一次董事会上的讲话（摘要）。

谈谈四个"回归"*

各位董事：

大家好！

首先感谢与会人员为开好本次董事会所做的精心准备。我借用教育部部长陈宝生关于高等教育要做到"四个回归"的论述，"回归常识，回归本分，回归初心，回归梦想"也适合用来指导学校当前及今后一段时间的工作。

第一个回归是回归常识。常识就是普通知识，是大家都懂得的知识。对我们来说，最大的常识就是教育的常识，是对教育和民办教育基本规律的认识。建桥立足于应用型办学定位，致力于培养"人中人"而非"人上人"，我们要意识到人是平等的，这也是大家应该具备的常识。讲常识首先要守规矩。习近平总书记在2015年首次提出"政治规矩"一词，强调党章是全党必须遵循的总章程，也是总规矩。同样，在建桥，学校章程就是校内必须遵循的总章程，也是总规矩，学校方方面面都要在章程的框架内规范运行。

第二个回归是回归本分。本分就是本人的身份地位，守本分就是"各安其位，各司其职，各负其责"，大家各自做分内之事，董事长有董事长的本分，校长有校长的本分，书记有书记的本分，教师也有教师的本分。教师最大的本分就是做好教书育人工作。近年来，有个别教师并没有沉下心来搞教育教学，我们在民办高校教学竞赛中的表现也不尽如人意，也在一定程度上反映了这个问题，学校要采取切实措施，引导教师把精力更多放在教书育人工作上来。

第三个是回归初心。建桥的初心是什么？还是要回到"三座桥"的办学使命上来，为学生建成才之桥、为教师建立业之桥、为社会建育人之桥。这是我们的核心价值观，也是我们的初心。希望领导班子成员要经常拷问自己这三座桥修好了没有：学生有没有在建桥学到真实本领，教师有没有在建桥实现立业目标，用人单位有没有在建桥找到合适、合用的毕业生。要处理好与身边亲近人的关系：在家庭中要处理好与家人之间的关系，在学生时期要处理好与同学之间的关系，在工作时期要处理好与同事之间的关系。我们在服务社会、服务单位时也要考虑为单位、为地区发展做贡献。学校在康桥创办，"建桥"还有"建设

---

* 本文为2017年11月17日在五届六次董事会上的讲话。

康桥"的含义,就是我们办学始终要有融入当地、服务当地的意识,现在学校搬迁到临港来,我们也要有融入临港、服务临港的意识。

第四个是回归梦想。建桥的梦想是什么?"建桥"校名谐音"剑桥",取这个校名也体现了办成世界名校的梦想,尽管成为世界名校现在看还非常遥远,需要 50 年、100 年甚至更长时间的努力奋斗,但"梦想总是要有的"。世界名校是非常远期的目标,中长期学校的目标还是要落在"建成国内一流的民办大学"上,这个目标也写进学校"十三五"规划,尽管面临的竞争也很激烈,但只要全校上下团结一心、共同努力,咬定青山不放松,这个目标就一定能实现。

要重视和加强基层党建工作,不断提升基层党建工作水平,发挥基层党组织在议事决策、凝聚师生、监督保证等方面的政治核心作用,每一位党员都要当好表率,发挥在岗位上的先锋模范作用。

校风学风是最能体现一所大学精神面貌的,要积极创新校风学风建设的方式方法,像新闻传播学院"守护神计划"那样,每一位教职员工都能带领若干学生,形成更紧密的师徒制关系,实现全程、全员、全方位关心学生成长成才。好的校风学风还取决于师德师风教风,如果每一位教师都能尽心尽责,就不怕带不好学生。要重视学生社团建设,在经费上可以适当增加,鼓励学生积极参与各种体育运动和比赛,着力营造生动活泼的校园风貌。

师资队伍是学校发展面临的最大瓶颈,瓶颈问题就好比人的脖子,太细就会呼吸困难,希望校领导班子要采取切切实实的行动加快师资队伍建设步伐,提升师资队伍整体水平素质。

董事会历来重视内部治理结构的建设和完善,依法依章程保障校内各权利主体的权益,我们在法人治理建设上的许多经验和做法得到了上海市领导和兄弟院校的肯定。这一次董事会,我们不仅延续了上次董事会邀请师生代表列席的做法,还首次受理研究师生代表议案,我们的民主制度建设又往前迈了一步。接下来我们还要进一步修订完善章程,通过章程规范学校内部运行。监事会的筹建也是一个标志性的动作,今后学校决策、执行、监督各环节相互制衡的机制将会更加完善。

第三章
育人理念

◉ 新校区落成开学典礼(2015年)

用 心 建 桥[*]

各位老师：

下午好！

先向大家汇报我们临港新校区工作的最新进展：昨天我们请了九位专家对两套规划设计方案进行集体评审，两套都通过了。接下来，我们会把这两套规划设计方案与模型在建桥综合大楼一楼大厅展示出来，请全校师生投票。"以人为本"、"以生为本"的办学理念应当体现在我们办学工作的各个方面。上海建桥学院属于全体建桥人，属于社会。希望大家踊跃参与，投下神圣一票！学校董事会将充分考虑大家的意见，把建桥新校区建设成为师生喜爱、认可的美丽校园！

今天很高兴参加庆祝教师节暨先进表彰大会。刚才我还在想，为什么有教师节？一般说来，需要社会专门设一个节日的，往往是弱势群体，是一个很容易被公众忽视、却又特别重要的一个群体。相对于某些特殊利益集团，人民教师付出的与获得的还存在不对等。想到这一点，我觉得很悲哀。但是，正因为设立了这么一个节日，全社会的目光这一天都聚焦在一起，关心教师，重视教师，感谢教师，想到这一点，我又觉得很高兴。

今天我给大家带来了两本当前教育界很关注的畅销书：《第三次工业革命》《21世纪技能》，每本书上都有我的签字"用心建桥，人人建桥"。说实话，这么密集地签字，我有生以来还是第一次，一连签了十几个小时，手腕发酸、发麻。希望大家翻一翻这两本书，关注世界潮流，关注社会趋势，关注国家民族的发展，平时挤时间加强学习，多吸收一些好思想、好经验，丰富我们的教学工作。

"用心建桥"，我今天想与大家聊聊这四个字。

怎样当一个好教师？当一个好教师除了必备的基本技能、基本素质等条件之外，还特别需要一颗心。大教育家陶行知先生有一句名言："捧着一颗心来，不带半根草去。"这颗心，至少包涵这几层意思。

---

[*] 本文为2012年9月10日在庆祝教师节大会上的讲话。

对学生有大爱之心

教育的核心内容之一就是爱的教育。建桥校训八个字,"感恩,回报,爱心,责任",其内涵也就是"爱的教育"。一个人要善良,有爱心,懂得爱,爱家人,爱他人,爱社会,爱国家,爱大自然。有了爱,他才有包容,才有理解,才会心甘情愿为之辛劳、承担责任。爱得越深,他就越乐于付出,乐于奉献,哪怕付出一生也在所不惜。

爱是教育的灵魂,是塑造美好心灵的重要力量。了解学生,理解学生,尊重学生,信任学生,这些都是师爱的真谛。作为教师,我们要公平、公正,关注全班每一个学生,尊重学生的个性差异,发现不同学生身上不同的优点、长处、闪光点,因材施教,进行有针对性的教育、培养。不但在学习上,平时在生活上也要关心和帮助学生,这样我们才能走进学生的心灵,和学生成为朋友。情感投入是教师的"必修课"。当学生愿意向你提意见、和你说心里话时,你一定要学会耐心倾听,多站在他们的角度去理解。多和学生聊天、沟通,这对我们改善教学效果会帮助很大。也许会耽误一些时间,但对于教师来说,这也是必需的"备课"。实践证明,只有学生把教师真正作为可以信赖的人,师生之间心与心相通,情与情交融,教师传授的内容才能为学生所接受。

作为教师,既要了解学生的认知特点,又要掌握学生的思想动态、洞悉学生的兴趣爱好。当学生感到教师真的理解、关心和爱护他们时,他们对教师的敬爱也会随之产生。爱学生的方式很多,一句问候,一个微笑,一个眼神,一句鼓励,甚至有时一句批评都是爱,这些方式都回归一点:你要发自内心,出于真心!只要你是真心的,学生都会体会到、感受到。即使有的学生现在不能领会,将来也一定有所感悟。

少一点生硬的说教,多一点心灵的呼唤;少一点长官意志,多一点情感激活;少一点急功近利,多一点耐心付出。让学生从内心感受到教师的爱,变他律为自律,变灌输为互动,在充满人文情怀的环境中轻松愉快地成长。

对教师职业有高度的责任心

刚才听了这些先进代表的发言,相信大家都能感受到他们对教师职业深层次的理解、高境界的追求与一颗沉甸甸的责任心。

平时我与大家谈心时经常说,清华、北大、复旦这些重点大学、名牌大学,它们能把优秀的学生打造成精英,我们建桥目前的定位,就是把原来不太懂事、不太爱学习、不拉他一把很可能游离在社会边缘的年轻人,培养成为有用之才。两者相比,我认为,后者的意义很大。

这个社会需要科学家,需要精英,但最主要的组成部分也是社会发展的基础,还是广大普通老百姓。从这个角度来说,我们建桥的老师付出了更多的耐心和爱心,工作也更有意义,更值得人们尊敬。因为这个社会普通人占了大多数,让大多数人整体素质提高一个层次,培养更多遵纪守法、自食其力的好公民,这对社会的发展多么有意义!

建桥的学生其实只是学习习惯没有养好,文化基础比重点高校的学生稍逊一筹,但他们还是很有爱心的,他们的内心世界也是很丰富的。我看到他们在参加社会公益活动中的表现,不比一些公办大学生的素质差、觉悟低……我以我们的学生为荣,他们为建桥争了光。他们以后不一定都能成为国家的栋梁、社会的顶尖人物,不一定都能成名成家,但他们有爱心、有责任心,能成为优秀的公民。

根据我当了十年大学教师的体会,课堂教育、学校教育只是传授知识,这固然很重要,但对一个人能否成才还起不了关键作用。关键在于,一是人格的健全,二是有良好的学习习惯、科学的学习方法,三是对人生、对生活充满热爱,对目标、对理想锲而不舍。这种热爱与坚持,说到底还是人格力量使然。所以我认为,一个人的人格是最重要的。如果一个大学生毕业后,做了一个遵纪守法的员工,虽然他很普通,但他对社会还是有正面作用的。如果他才高八斗、学富五车,最后却成为一个腐败的官员,他对社会的危害反而更大。一个人,智力比知识重要,素质比智力重要,觉悟比素质重要。学生人格的塑造很重要,主要来自教师的影响。

古今中外对教师的赞美最多,"阳光下最伟大的职业"、"人类灵魂的工程师",这些都是对教师的赞美和歌颂。我们既然选择了教师这个职业,这就说明我们选择了以付出、奉献、默默耕耘、不问收获的岗位,向学生传播知识、真理和爱心是我们的毕生使命。只有具备高度的责任心,我们才无愧于教师这个称呼。

对事业发展有永不自满的进取心

"师者,传道,授业,解惑也。"社会对教师的期待,"传道"被排在第一位。传道的要求很高,传什么道?为人、处世、做事之道。首先,教师自己要明白什么是"道",并且身体力行实践这个"道",才能把这个"道"传给学生。教师不能说一套做一套,至少他要清楚正确的方向,不断提高思想觉悟,积极求索,然后带领学生一起努力前进。

对教师的第二个要求是"授业"。这个"业",是知识、专业层面的,教师要用科学的教育方法,帮助学生掌握传授的这些知识。教育学规律告诉我们,没有教不好的学生,只有不会教的老师。有些教师可能会把"业"简单认为是书本上的知识,照本宣科就行了,其实,这个"业"远远不止这些。这个"业"还包括教师自身对这个专业的认识、理解、把握水平等。

第三个要求是"解惑"。什么叫"惑"?惑就是痛苦与迷惑。"惑"有两种,一种是烦恼之惑,另一种是知识之惑。一个人的生存环境、所学知识以及许许多多的人生经历,构成一种因为认知障碍而造成的"惑"。解惑,就是破解、消除这个"惑"。教师首先自己做到无惑,才能帮助学生解惑。如果教师都在追求物质享受、追求金钱至上,成为物质、私欲、名利的奴隶,困惑多多,还怎么为学生解惑呢?!

教师对事业发展要有永不自满的进取心,这是指每位教师要永不自满,做终身学习的好榜样。教师的职业是教书育人。指导学生学习的人,他自己首先应当是一个最重视学习、最善于学习的人。教育者首先应当受教育,培养人的人,必须是堪为师表、站得正、表现好的杰出的人。我们一定要先于学生学习。否则,学生把人生最美好的四年光阴交给我们,家长把孩子最宝贵的青春岁月托付给我们,我们如果不能向学生提供有价值的知识和正确的人生引导,那就是"误人子弟",简直是犯罪!我们服务的每一届学生都是新的,我们面对的社会时时刻刻都在发生变化,太阳每一天都是新的……这一切,需要我们以不断学习来提高自身专业水平与综合修养,跟上时代发展的步伐。

牢记办学宗旨　服务师生社会*

感谢各位董事为学校改革发展建言献策。董事既要"懂事",也要做事,各位董事的发言充分体现出学习、调研的成果,对提升董事会的决策能力、决策水平很有助益。学校接下来面临重要的转型任务,董事会层面应率先转型,董事会的组成结构要适合学校转型发展的需求,董事会的决策机制要更加强调以充分的学习和调研为基础。

董事会将千方百计筹措资金确保新校区建设和学校正常运行不受影响。从开源方面,我们既要积极争取政府和社会资源的支持,更要从内部做好教育培训和国际化办学的文章;从节流方面,我们要充分发挥预算的控制作用,确保钱都花在刀刃上。

学校建校之初就从服务学生、服务教师、服务社会三个角度出发,确立了"为学生建成才之桥,为教师建立业之桥,为社会建育人之桥"的办学宗旨,其中服务好学生是首要任务,全校各部门要进一步树立以学生为中心、为学生服务的理念和意识,不断反思我们为学生服务过程中存在的不足和问题,不断改进服务方式、提升服务水平。在服务教师方面,要充分认识到教师队伍建设是学校各项工作的重中之重,要进一步提高一线教师尤其是骨干教师的收入。同时,要在学校营造好尊重教师、关爱教师的氛围,为教师发挥聪明才干创造更好的用人环境。在服务社会方面,要调研社会和企业需求,尤其是要充分考虑临港地区产业布局、自贸区建设等各种因素,在学科布局、专业设置等方面提前做好对接。

转型是学校当前工作的主题,不仅教学上要转,观念上也要转。比如,在机构精简方面,大家要充分认识到,如果机构和人员不断膨胀,待遇就难以进一步提升。教职工的正常流失现象不用过分担心,但如果是因为工作环境、领导作风、感情不到位等因素造成的,我们就要深刻反思。学校一定要充分发挥民办的体制机制优势,健全选人用人机制,解决好人员能进不能出、能上不能下的问题,既要完善激励机制,也要健全惩罚机制,对优秀教职员工要加大奖励、鼓励使用,对工作懈怠、不负责任的教师要加强惩治甚至予以清退。

希望学校领导班子更加重视青年干部选拔使用问题,要从学校事业健康可持续发展的角度出发,为学校未来发展选拔一批优秀的校级和中层后备干部。

---

* 本文为 2014 年 3 月 22 日在四届十次董事会上的讲话。

以学生为中心*

同志们：

大家好！

今年暑期大家都很忙，有80多位老师出国考察学习，没出国的老师也没清闲。今年外办很不容易，整个外办没有休息一天，除了欧美的围棋班、台湾的夏令营，还为各位老师出国做了大量事情，特别值得表扬。我们有一些教师特别辛苦，比如实验室的负责同志，尤其是机电学院的同志，整个假期一直在负责设备的安装、测试。还有我们后勤、保卫、供应等部门的员工，这几个月没日没夜地工作，为我们创造良好的条件。另外，办公室的同志们确实挺不错，没有一个星期日是休息的，而且经常工作到晚上12点、甚至凌晨一点。从这批年轻人身上，我们可以看到建桥的希望和精神所在。今天借此机会还要特别表扬建桥的几位董事，一年多来没日没夜地在工地工作，个个都晒得很黑，很不容易。比如王董，一年多来几乎每天早晨都是六点钟从浦西到浦东。我们能有一个初步具备办学条件的学校，和大家的奉献分不开，很多建桥人把学校当成自己的家，把学校的事情当作自己的事情来做。

当然，也有个别教师缺乏主人意识。没有主人意识、集体意识，会给建桥带来一些不良风气。这次发搬迁费完全是可以的，但是搬迁费不是福利，不能平均分配，谁做得多就拿得多，如果搞平均分配，建桥就没有希望，也不符合公平效益原则。到了临港，我们要有新气象，希望各位院长好好考虑这笔搬迁费，奖勤罚懒，这就是民办的机制。商学院学生最多，中外合作做得最好，每年考核排名前列，他们就应该比别的学院多得一点。将来建桥就应该彻底贯彻这样一种机制，不应该是"大锅饭"，否则，我们没有光明的未来。做这件事难度很大，今天在座的都是建桥的骨干，主要领导一定要配合学校提出的改革措施。工资改革、人事改革会得罪不少人，但也因此树立建桥应有的正气，学校才会有效率，才会真正留住爱教育、爱建桥的人。这些是一定要做的，再大的困难也要做。建桥不应该出现也不能有"平均主义"、"大锅饭"，否则将来一定会影响学校的生存和发展。

---

* 本文为2015年8月27日在2015年暑假中层干部务虚会上的讲话。

关于今年的招生。我给招办提出的要求是今年招生要尽量满足学生的第一志愿。今年招生计划是 4 200 人,从录取通知书的发放情况来看,形势是好的。这是由于得到了很多省市和部门的帮助,招生人数超过了以往历年。招生形势、学校声誉和大家的努力是密切相关的,招办也功不可没。招生工作也是很惊险的,有时候一个细节不注意、一个细节不到位,可能就会落下很多人。本来特别担心今年招生。一是学费增加,对西部农村子弟压力很大,但是我们克服了;二是报到率问题,希望专业教师、辅导员、系主任提前做工作,给录取的学生发个短信,或者打个电话问问情况,了解他们的困难,把建桥的温暖送给新生,这也是提高报到率的重要方式。另外,很多上海学生觉得临港太远,不愿意来。这些都还需要大家努力,各学院、专业都要努力去做这份工作,"以学生为中心"不能停留在口号上。

今年招生有两个重要现象要引起我们注意。原来我们认为较好的专业,像汽车工程,也是学校的重点专业,但是第一志愿报考学生很少。原来很多不太出名的专业反而调剂的多,拉过来很多没有填报和服从调剂的。这是一个大问题,因为兴趣是最好的老师,如果把原来没有填报的学生硬拉过来,一定会影响学生、学风。今后要真地做到为学生着想、以学生为中心,入学的第一天就要尽量满足他的第一志愿。将来专业要准确反映学生意愿与市场需要。比如,汽车专业填报人数减少,可能是大家看到汽车销售不景气。每个专业都要想这个专业是否有特色、亮点。比如,汽车专业如果是跟奔驰、宝马合作,相信填报的学生会很多。专业主任也不要等在学校后面,自己要给本专业做宣传,拿出亮点。将来民办高校专业设置一定要符合市场需要,民办高校不可能因人设专业,当然也要考虑学生的盲目、教育的滞后。将来没有学生填报或者极少数填报的专业可能就得关掉。像会计专业今年录取 300 多人,我们分析认为,中西部的学生多了,他们和上海学生对未来的期望会有点不一样,他们需要一个稳定的工作。有一技之长,如会计,将来找个平稳的工作就心满意足了。每个专业主任要及时分析现状,我们现在专业不够,将来会产生很大变化。比如,珠宝学院原来打算招 50 人,现在招了 170 多人,这样一来,资源的配置就不一样,办公室可能就不够用。将来学生少的专业就要拿出部分资源。比如,要给珠宝学院更多资源,会计专业更应如此。另外,今年很多专业只要涉及中外合作,填报的学生就很多,这几年提倡走中外合作之路是对的。所以,我们要了解上面的政策,但是不要盲目地遵从。像前几年报日语专业的学生很少,很多报英语的学生硬调剂过来,而今年中日合作专业爆满。所以,我们办中外合作要真正考虑家长的需要、考生的需要、市场的需要。大家是否应该考虑每个专业将来五年之内都有一所合作的学校。如果做不到,专业该并的并,该淘汰的淘汰。

正如创校校长黄清云所讲,创业者就是碰到问题自己一个个去解决。如果问题要找潘校长解决,等也要等在他的办公室门口。很多问题都要大家自己去摸索,不可能等中央、教育部专家的指示,而且他们的意见可能也不一定有用,反倒是学生的意见更重要。

招生是一个政策很强的工作,一点点失误就很容易引起社会反响,今年就出了很多事情。我们的招办确实是一个负责任、能打硬仗的单位,今年给大家开了一个好头,好头可以鼓舞大家的士气。很多专业也在考虑生源增加后怎么办,如教室不够、各方面资源不够。我们要根据今年的招生数据准备起来。

以学生为中心有三个方面。一是全过程。从招生时就应开始为学生服务,给学生准确的相关信息,带去我们的关心。全过程还包括一直到毕业、就业、就业以后,而我们现在做得还不够。对已经毕业学生的关心会给学校带来很大声誉,比如,辅导员都能不断关心学生生活怎么样、是否找到工作等,这样的学校才能得到学生尊重。我们在全过程都要给学生尊严感,给学生温暖。比如,我们要尽可能请学生家长来参加毕业典礼,把典礼办得像样。我们也要建立毕业后的学生关心机制。我们今年打算成立校友基金,更多地利用校友力量传播学校声誉。如果校友说建桥不好,一句顶一百句。所以,工作一定要做得细。二是全方位。不仅是教学,在生活、心理各方面都要以学生为中心,各部门都要思考是否做到位,要学习一些能跟学生更好交流的东西。人生价值观的树立比教会学生专业知识更重要。三是全员育人。学生的事不仅仅是辅导员的事,也是教师的事。公办学校已经开始坐班制,我们应该怎么办?现在比较严重的问题是很多教师上完课就走,没有真正起到教师的作用。只有全员为学生服务,才能做到以学生为中心。我们每个教育工作者都应该谨记学生的事无小事,学生的事都是大事,失去了学生,建桥就没有未来。现在建桥的问题是学风还不够理想,有家庭、社会和学生本身的问题,但是不是也有我们的问题?如果每位教师、辅导员、管理者能够做得更好一点,学校风气也会更好一点。

大部制是提高效率的重要方式。大部制必须要做,不做不行。只有一件件事做好,才能提高我们的效率。当然,远郊办学要考虑很多问题,如医疗、安保、教职工子女就学、兼职教师、交通等,各个部门都要有主人翁思想,尽早考虑问题,在不断解决问题中前行。问题不可怕,只要大家有信心,碰到一个问题,解决一个问题。比如,二级学院放权,今年可以多放一点。学院能力越强,越多放一点,成熟一个放一个。如果整个学校黏在一起,办事效率会越来越低,学院也办不出个性,将来会死水一潭。我们要趁新校区建设,推进二级学院落实责、权、利。希望大家胆子大一点,将二级学院办出特色来。

教育事业是一项良心工程*

这次务虚会请的几个报告都很有水平,交流发言的几位领导、教师也都做了精心准备。我今天谈几点意见。

要务虚,更要务实

务虚会是校领导和中层干部洞察形势、谋划思路、规划未来的活动,在学校寒暑假各召开一次,很有必要。大家平时都忙于事务性的工作,有必要静下心来多总结、多学习、多思考。务虚会绝对不能开过会就算,开会的时候很紧凑,开完会就抛之脑后。我有一个感觉,总觉得每次务虚会之后大家就散了,真正在思考怎么把务虚会的成果转化为实践行动的人很少。

在这里,我建议校领导班子不要急着出新思路、新举动,有时候要沉下心来回头看,回顾之前务虚会的成果有没有落地生根,我们之前提的工作任务落实了没有,评估一下我们的工作绩效,检视一下我们的工作思路是否存在问题。有些工作很重要,但还没有做扎实,就不要急着上马新工程。每个部门都应该集中有限的精力,重点抓几项当前和今后几年最急需、最迫切的工作,抓出成效来再说。比如,人事处要多抓抓骨干教师引进,多抓抓年轻干部培养;学生处要多抓抓学风建设,多抓抓校园社团活动;教务处要多抓抓课堂教学质量。学校这几年在民办高校教师教学技能竞赛上的表现,并不符合我们作为老大哥、领头羊的地位,要更加重视。很多工作,处长们都抓了,但群众评价并不高,这就说明我们的工作还不够扎实,成效还不够明显,可能流于形式、流于表象。比如,我听到反映比较多的就是中青班的培训,好像效果不大好,有些中青班学员觉得通过学习对自己怎么当好中层干部并没有多大帮助。

要用心,也要用情

教育是培养人的事业,是一项良心工程。教师被比作蜡烛,是一项最神圣

---

* 本文为2016年7月8日在暑假中层干部务虚会上的讲话。

的工作。既然选择了教师这份工作,就要比对待其他工作更用心。不用心,就当不好教师,干不好教书育人这个活。用心有很多层含义,如责任心、耐心。教师不认真备课,满堂灌,不考虑学生接受度,甚至批阅试卷记错分,等等,就是不负责任的表现;辅导员对自己带的班级情况不能全面了解,对班级里的学生连名字都叫不全,甚至有多少门不及格、是否能按期毕业都说不清楚,就是不负责任的表现;一些部门对学生办事不够热情,门难进、脸难看,也是不负责任的表现。

如果100分算满分的话,我们的学生大概处于60分的水平。要把这样的学生教育成才,成为对社会有用的人,成为对家庭有担当的人,难度更大,更需要每一位教育工作者投入更多的耐心。我们不能因为学生挂科多就放弃他,不能因为学生过于调皮捣蛋就放弃他,不能因为苦口婆心了学生仍然不努力、不听话就轻言放弃——对待我们的每一位学生,尤其是后进的学生,我们更要有一颗不厌其烦之心。

教育是一项时时处处充满爱的事业,我们不仅要用心,还要用情,才能把教书育人的事真正做好。对学生我们要饱含真情,对工作我们要饱满热情。如果对教育、对学生没有投入真正的感情,只是当作养家糊口的饭碗,是干不好工作、教不好学生的。只有投入感情了,你才会积极走近学生,去理解他,去帮助他,教育的事情才会好做。

要有雇佣意识,更要有主人翁精神

现代劳动雇佣制度是建立在契约精神上的,所以不论是雇主还是雇员,都应该有雇佣意识,它包含着劳动交换、公平交易、法律保护下的雇主与雇员的利益,以及由此引申出来的职业道德、职业意识等非常丰富的内容。作为雇主的上海建桥学院,三座桥里就有一句"为教师建立业之桥",我们有责任为大家创造宽松的工作环境、合理的薪酬体系、事业的发展空间,上周的教代会我们签了集体合同,说明雇主方主动自我约束来保障教职工的权益;而作为雇员的你们,有责任兢兢业业工作,来回报建桥对你们的付出。在座的是建桥的中坚,很多人把自己的青春年华献给了建桥,谢谢你们!看到很多年轻人一路走来,逐渐成长,这是我办学多年来最欣慰的几件事之一。但不可否认,我多年前提到的"混文化"仍然存在,没有看到根本性的好转,个别教师甚至端起碗来吃肉、放下碗来骂娘,对建桥没有感情。希望大家共同努力,以身作则,带动大家一起投入到学校的改革发展中。

我今天还想说的是,我们共同的雇主其实应该是学生。没有学生缴纳的学费,就没有我们的衣食来源。所以,我们应该更加负责,让学生在建桥不论是学习还是生活都能有最佳的体验,毕业离开建桥都能找到一份适合自己的工作。

建桥并不是周星增一个人的建桥,建桥的事业依靠的是每一位师生员工。所以,大家更要有主人翁的意识。这种意识,不是仅仅把自己当作学校的主人这么简单,而应该以一种与学校心灵相通、命运相系的情怀,把民办高等教育当作自己的事业来做,把学校的发展当作自己的发展,以这样的一种精神气质,去做好本职岗位上的每一件事。主人意识来源于对学校文化的认同感和归宿感,全校所有师生员工都树立了主人意识,便会形成一种文化氛围,每个人在自己的岗位上,完成岗位所赋予的全部工作,在为学校做出贡献的同时,也实现了个人的社会价值。记得以前的老一辈,像金旦生、陈生根等,他们在路上走过,看到有纸屑,都会弯腰捡起来,拿到垃圾桶处丢掉。虽然这是很小的一件事,但见微知著,真正反映了他们的主人翁意识,真正把建桥当成了自己的家。

关于排行榜

最后说说排行榜。每年中国校友会网排行榜出来我都会关注,我发现包括清华、北大这样的中国顶尖大学,也都在转载、引用这个排行榜。关键是我们应该用什么态度对待排行榜,我觉得,对排行榜我们不可不信,也不可尽信。民办高校最大的生存保障还是招生,中国那么多所大学,仅民办高校就有400多所,加上独立学院有700多所,除了依靠学校自己的宣传,考生很难对报考院校有全面的了解,尤其是对这所院校所处的地位,这个时候,排行榜就成为一个很重要的参考因素,几大门户网站的高考频道都放了排行榜信息。从招生这个因素来讲,我们要重视排行榜。

排行榜的指标,有值得我们重视和思考的地方,如人才培养、科学研究等,我们有必要横向比较,看看和兄弟院校的差距在哪里,优势在哪里,是优势的就要继续努力、加以巩固,有差距的更要加倍努力、迎头赶上。当然,指标也有很多不合理的地方。比如,始终把规模作为一项很重要的指标,我觉得就不太合理,3 000亩的大学并不一定会比1 000亩的大学办得好,30 000人的大学也不一定会比10 000人的大学办得好。

目前,国内关于民办大学的排行榜只有中国校友会网这个排行榜。建桥目前综合榜排名第16、专业榜排名第八、教学质量榜排名第十,总体表现有所进步,这和我们这几年新校区投入使用、学校改革发展深入推进不无关系,客观反映了学校这几年取得的进步。

"十三五"提出要把建桥办成国内一流民办大学,我对"一流"的理解是全国前三,这个目标可能在"十三五"都未必能达成,需要大家在未来5~10年甚至更多年的共同努力,而在座的就是实现这一目标的中坚力量。

作风　师风　学风*

　　今天的民主生活会开得挺好,校领导都做了深刻的自我剖析,都认识到自身存在的不足与问题。2017年是非常关键的一年,学校有很多重要工作要推进。对于校领导班子,希望你们要持之以恒、常抓不懈,做好以下几项工作。

　　一是要抓作风。从群众路线教育实践活动,到"三严三实"主题教育活动,作风建设都是核心内容。这也充分说明作风建设必须常抓不懈,不能搞一阵风。应该说这几年学校作风建设抓得是有成效的,干群关系比较融洽,全校上下抓改革、抓转型、抓发展的思想是统一的。但不能否认,我们的作风建设依然存在不少问题,主要表现在工作作风飘浮,很多工作仅仅停留在表面,不够深入,执行力不强,有些部门工作是做给领导看的,不求实效;文山会海问题有所回潮,群众反映学校会议还是比较多,开短会、讲短话更多停留在口号上;领导干部和机关部门依然存在高高在上的问题,深入基层不够,了解民情不够。这些作风问题的解决,关键在领导班子,校领导只有率先垂范、以身作则,才能以上率下、以己律人。俗话说,"上有所好,下必甚焉",下面有些部门和干部喜欢做表面文章,可能就是为了投领导所好,领导如果不深入基层群众了解情况,就容易被欺瞒。我最近听说一件事,航空大赛有我们建桥的老师想通过让学生改分、评委重新打分的方式拿到好成绩,这就非常不对。作风建设永远在路上,希望校领导认识到这个问题,努力营造一个风清气正、求真务实的氛围。

　　二是要抓师风。教师的道德素质、政治素养要比文化素质、专业素养更加重要,教师承担着传道重任,如果其身不正,很难相信他能给学生传授正确的"道"。我一直提一个观点,教师的道德水准应高于社会的平均水平,哪怕这一"底线"要求,还是有很多老师没有做到。我们有的老师,住在招待所里胆敢拿走公共物品;有的老师上课迟到,这次四六级监考,听说有老师迟到20分钟还理直气壮;有的老师不思进取,只满足现有的教学方式方法,不学习、不研究、不改革,墨守成规、满堂灌、炒冷饭,教给学生的知识是陈旧过时的;我们成天号召

---

* 本文为2016年12月28日在上海建桥学院民主生活会上的讲话。

要学雷锋,但在这方面老师做得可能还不如学生,有的老师只教书不育人,斤斤计较,不肯多做一点事,多做就要算加班费;有的老师不遵守学校基本制度,请人代刷卡考勤,乘班车不预约还屡说不改,等等。师德师风建设也是学校一项需要常抓不懈的工作,我们的人才培养质量最终取决于教师的师德师风水平。

三是要抓学风。在本科评估的时候,专家组反馈建桥的学风不好,这个问题到现在三年多过去了,我还是没有看到学风问题有明显改善。偌大的图书馆总是空空荡荡,100多万册的书籍,学生借阅寥寥无几;上课迟到、早退、旷课现象屡禁不止,上课玩手机、不专心听讲的学生大有人在;我们每年考研的同学和兄弟院校相比差距很大;每逢毕业季,总是会有大量学生因为各种原因不能按时毕业;宿管阿姨反映,宿舍楼后面每天都能发现学生高空抛下的大量垃圾;今年陆续发生好几起比较严重的学生酗酒事件。学风问题需要常抓不懈,学生的竞争力才是学校的核心竞争力,如果我们放任上述这些问题存在而不加以解决或改进,建成国内一流民办大学的目标只会是空中楼阁。

刚才我讲了三个方面的问题,而且只谈问题不讲对策,领导作风问题、教师师风问题、学生学风问题的解决,第一责任还是校领导班子,尤其是作为班长的一校之长。希望校长能带头研究,拿出具体办法,在明年的民主生活会上,我希望这三个问题能有明显的改善。

最后,谈一下我对学校工作的看法。应该说,2014年开始实施的《卓越建桥计划》和今年颁布的《"十三五"规划》,基本完成了学校改革发展的顶层设计。但顶层设计要想实现,关键还要做到两点。

第一点,领导抓重点。《卓越建桥计划》有课程面、教师面、学生面、全校面几十项工作,《"十三五"规划》也提出了几十项工作任务,这些任务如果只是靠校领导面面俱到去抓是抓不好的,校领导应该抓重点,通过以点带面推动全局发展。如何抓重点?首先要有分工,每位校领导认领一两项重点任务抓好抓实,校长要充分赋权并相信分管校长,而不能过多、过细地介入分管校长的工作;其次要有沟通,校长要关心一些重点工作的进展,了解是否遇到难题,是否有需要协调的事项,分管校长也要有定期报告的意识,通过充分有效的沟通不断增强互信;最后要抓跟踪,对重点工作,学校一定要发扬"盯关跟"的精神,避免工作打折扣形成漏斗效应,避免工作偏移既定路线或目标。

第二点,中层抓执行。校领导不可能亲历亲为地去抓去推所有工作,所以更多的工作需要靠中层来推进,中层的执行力就显得尤为重要。我始终有个感觉,我们中层干部的执行力还是不够强。这里面可能有多方面的原因,有可能是校领导管得过宽、过细,导致中层干部自主性不强,也有可能是中层干部自身能力素质不够,因此,要对这个问题深入分析,找到症结所在。在几次的务虚会上,我都强调过,中层干部是建桥的腰板,腰板不硬,工作就展不开。校领导首先要明确中层干部的责权利,明确责任,赋予权限,强化考核,赏罚分明,调动中层干部的能动性和积极性;其次要提升干部队伍素质,除了组织培训学习,对不能胜任中层岗位的要敢于及时调整。

学雷锋要融入人才培养全过程*

各位董事：

  本次会议的主题是"问题导向，稳中求进"，要正确认识、深刻分析当前改革发展面临的各类困难、瓶颈和问题，集思广益，寻求问题的解决办法，要坚持稳字当头，在保持各项工作秩序稳定的情况下，谋求学校改革发展的新突破、新进步。

雷锋馆开馆仪式

  会议间隙与会人员一起参观了雷锋馆，重温了雷锋精神。"坚持就是力量，持续就是影响"，建桥连续12年学雷锋，在社会上已形成积极的反响，今后要继续坚持，进一步系统化，融入人才培养全过程。要积极倡导教职工学雷锋，今后雷锋奖评选可考虑将教职工纳入。希望学校党政领导要更加重视学雷锋活动，在条件允许的情况下，积极申报上海市爱国主义教育基地、上海市教学成果奖

---

* 本文为2017年4月15日在五届五次董事会上的讲话（摘要）。

○ 雷锋馆

乃至国家级教学成果奖。

"以学生为中心"的理念要持之以恒地贯穿在教育、管理、服务各个环节。董事会决定较大幅度提升学生奖学金额度，希望通过提高奖学金，对学风建设起到更好的导向作用。希望学校更加重视学生的体育锻炼、体质健康问题，要从时间上、经费上、师资上、形式上、宣传上多管齐下，使体育教学成为建桥的特色和亮点，为国家培养更多身心俱健、全面发展的优秀人才。

首次安排师生代表参加董事会，是建桥民主管理的又一新尝试，我们希望通过这种形式，让更多教师、学生了解学校最新发展情况，更有效地保障师生对学校改革发展工作的知情权、参与权、监督权。今后，我们在强化民主管理方面还要积极开展更多的探索。

立德树人谈责任*

同志们：

这一次务虚会只有一天。上午我听了大家的分组讨论，可以感觉到大家都做了充分准备，紧紧围绕"立德树人"这个核心议题谈了很多真知灼见。建桥《"十三五"规划》提出要办国内一流民办大学，衡量是否一流的标准，我觉得主要就是取决于"立德树人"的水平。

立德树人是大学的立身之本，是对人才培养的根本要求，要培养品德和能力俱佳的人才。对教师而言，立德树人还可以换一个角度理解：所谓"立德"，就是坚持德育为先，通过正面教育来引导学生、感化学生、激励学生；所谓"树人"，就是坚持以人为本，通过合适的教育去塑造人、改变人、发展人。我们经常说"身正为范，德高为师"，"正人先正己"，如果教师自己思想境界不够高、道德素质不够好，怎么能指望他教好学生？！

上午不少人在讨论的时候都谈到了校训精神和桥文化。我今天重点围绕校训中的"责任"这个词谈点想法。

我记得，几年前我在一次教代会上说建桥在某种程度上存在"混文化"，存在一批混日子的人。说句不客气的话，这么多年过去了，我觉得"混"的现象并没有得到有效改观，上至我们一些干部，下至一些普通教工，都不乏混日子的人。这从根本上反映出有些教职工责任意识淡泊甚至缺失。我讲两个例子，都是最近有教师反映给我的。一件事，在这次期末考试的时候，巡考到一些考场巡视，发现不少监考教师坐在考场角落低头忙自己的事情，有的甚至在玩手机，巡考进来很久都没有发现，这样的态度，怎么能履行好监考的职责？另外一件事，有一次小长假前的最后一天，根据学校规定，班车提前到3点发车，但有位教师课没有调好，担心赶不上班车，就想把课放了。这只是两个很普通的案例，我平时听到、看到类似的事件还有不少。

有时候我真是很担心，有这么一批不负责任的教师，我们怎么去争创一流？！这些教师大多都有一个心态，那就是以自我为中心，而不是以学生为中心。什么叫以自我为中心？凡事想着自己舒服，比如那些没有认真监考的教

---

* 本文为2017年7月7日在暑假中层干部务虚会上的讲话。

师;或者凡事想着自己方便,比如那位心里只想赶上班车的教师。凡事想着自己方便,在一些机关部门更为常见,只要能不给自己添一分麻烦,哪怕给师生添十分麻烦,也不是不可以,有的决策完全没有考虑学生的实际需求,有的虽然知道学生的实际需求,但为了不给自己找麻烦,也是不闻不问、置若罔闻。

当然,我们的教师队伍里大多数是责任心非常强、敬业意识浓厚的教师。比如,机电学院的刘立华老师带学生社团经常到深夜,并牺牲了周末自己的休息时间。什么叫责任心?对一线教师来说,就是要把上好课作为第一要务,要认真备好课、上好课、答好疑,不能整天炒冷饭、满堂灌;对辅导员来说,就是要努力了解每一个学生的情况,不能让一个学生掉队,每次毕业季都看到有些学生不能顺利拿到学位,我心里非常沉重;对机关工作人员,就是要想师生之所想,急师生之所急,而不能成天衙门朝南坐。有了责任,教师才能做好教育这份事业:责任意识强,我们才能诲人不倦;责任意识淡薄,我们就可能"毁"人不倦。

我再谈点题外话。

一是关于会议。2012年,中共中央政治局就作出改进工作作风、密切联系群众的八项规定。其中一条很重要的规定就是"要精简会议活动,切实改进会风……提高会议实效,开短会、讲短话,力戒空话、套话"。我觉得,这点我们不仅没有做到,而且似乎越来越做不好了。会议作为一种研究工作的方式,但并不是唯一的方式。作为领导,应该懂得怎么去发挥各种管理手段,而不是一味用开会来作为解决问题的首要方式。除了开会就没有其他办法落实解决问题?开了会以后,就以为能真正解决问题?大家要知道,召开一次会议是有很多隐形成本的。就时间成本来说,一名干部的工资除以工作日,就是他的日时间成本。如果这一天都用来开会,那么乘以出席人数就大致是学校为这个会投入的成本;如果原来只需要四个人开的会,变成了八个人开,这个成本还要翻倍;如果说这个会开得很有效,那么还是可以留下一点会议价值的,但是如果这个会争论了很久,没有讨论出结果,那么会议的价值就变成了负数。今天是扩大了的务虚会,我看出席人数也不少,我相信今天的会议大家都是聚精会神在听的,但是我也发现,你们一天下来真的也很累。至于今天一过,明天有哪些成果得以落实,我看要打个大大的问号。希望校领导班子能真正采取行之有效的办法,把会议的数量减下来,无论你们用什么办法,是合并开会也好,缩短讲话时间也好,我不希望再看到连续出现的密密麻麻的会表。到下一次务虚会前,我还会问一些教师一个学期的会议情况,我不希望大家的意见还是会议太多。

二是关于内部管理。学校办学到现在,仍然会有很多低级的小问题出现,每年都会有学生因为一些本不应该不通过的课程没通过而导致毕不了业,这说明什么?有没有有效的解决办法?大家有没有好好去查过?我们投入了大量的精力,开发的学业预警系统,是不是真的好用?数据都是真实有效的吗?我还收到一些信件,是反映一些教师的不规范行为,甚至可能是违纪行为。我想说,如果属实,这方面对学校的负面影响会很大。现在政府机关都做到有纪委、监察部门定期去查处一些问题,公布一些现象,让一些干部红红脸、出出汗,我们这里的问题有没有真正去排摸过,难道就真的没有吗?难道要等到从上级、社会、媒体反馈过来,我们才恍然大悟吗?

学生成材离不开劳动历练*

我们建桥创办至今,始终致力于培养面向生产、建设、管理、服务一线,德智体美劳全面发展的人。经过19年来的辛勤耕耘,取得了一些成绩。"德",通过桥文化、校训、学雷锋等理念的长期弘扬与践行,建桥学子在"德"的很多方面,如在义务献血、志愿服务、参军、支援西部等活动中表现出色,有些甚至远远超过公办高校。"智",建桥学子的学习基础远远不如复旦、交大等名校学子,但我认为,"智"不仅仅是大学四年的事,是需要终身学习的,建桥要让学生在掌握学习方法、提高学习积极性、养成良好的学习态度等方面下功夫。"体",除了强身健体,还要培养学生遵守规则意识、发扬集体主义精神,从而帮助学生成长为遵纪守法、爱社会、爱国家的公民。"美",很难精确量化,也很难说具体有什么用,但一首歌可以让我们流泪,一幅画可以让我们震撼,"美"对于艺术的熏陶、心灵的净化、思想的提升会产生很大影响,今后建桥会邀请更多名家、开设更多艺术类选修课程以加强美育。"劳",被排在末位,每每被忽视,或者说虽然很重视但仅仅停留在口头上。今天我就重点谈谈对劳育重要性的感受与想法。

我认为,当前社会对劳动的认识出现了严重的价值观偏差。这里的劳动指的是面向一线、面向基层,包括脑力劳动和体力劳动。现在年轻人普遍不爱劳动,感到劳动并不光荣,甚至认为劳动可耻、可悲,更加希望一夜成名、一夜暴富。

怎么会形成这种价值观的偏差呢?

从家庭角度来看,我们这代人是有责任的。我们这代人太辛苦了,家里普遍只有一个独生子女,我们打着"爱孩子"的旗号对孩子过度保护,怕孩子受累、跌倒、摔伤,为孩子包办一切,助长孩子养成饭来张口、衣来伸手、养尊处优、好逸恶劳的坏习惯。现在年轻人物质生活条件比较好,"懒癌"症患者非常多,"巨婴族"、"啃老族"、"佛系青年"不乏存在。这些现象从某种角度反映了不爱劳动的人是越来越多。

从社会现象来看,一线劳动者收入低、地位低,基层劳动被鄙视。记得我们学校刚搬到康桥的时候,招收当地职工,一年后这些职工大多都不来上班了,说

---

* 本文为2019年7月12日对《建桥报》发表关于"劳育"重要性的谈话。

是家里拆迁有钱了。反正吃穿不愁,家里钱也用不完,他们的子女也就不干活了,不愿意参加辛苦的劳动。社会上还产生了"拆二代"这个新名词。毕竟社会还需要劳动创造财富,这种推崇不劳而获的风气怎么行?!从我们学校招生来看,也是这个情况,工科专业报考的学生少,年轻人怕到一线劳动。前几天有家企业老总来访,向我们招收工科毕业生。他们起薪特别高,有18万元。上海特别缺工科毕业生,因为工作辛苦,年轻人不愿意干。我参加上海市人大代表会议时,注意到身边有不少外地人,我好奇地向他们了解,原来他们都是作为高级技工人才引进到上海来的。以前我们提到"上海制造"的工人师傅,那都是很厉害的,干活、做事那种精细、那样用心,真正体现了工匠精神,但最近这些年来,上海人因为不愿意劳动,不愿意学手艺,工匠精神也渐渐缺失,需要向外地引进高级技工、技师。

  国外情况却不是这样的,从事普通劳动照样受人尊重。我校名誉校长杨福家院士,他谈到他的一个亲戚,学习成绩很好,在国外留学学了烘焙专业,毕业后开了家面包店,现在日子过得特别好。我有个朋友的侄儿,高考成绩很好,非要到日本留学去学厨艺。这次日本G20峰会,这个孩子就在做厨师。说句笑话,美国修马桶的蓝领工人都很受女士青睐,收入高,地位也不低,社会上并不认为修马桶是低人一等的工作。

  可是在我们身边,有多少官员子女、"富二代"是一线的普通劳动者?!老百姓看在眼里,会跟风学样。我们身边还有一些不尊重劳动的现象。有些人既不尊重劳动者,也不尊重别人的劳动成果,肆意破坏自然环境与公共卫生。这是认识问题,更是品质问题,不容忽视。还有人说:"科技这么发达,劳动的事,以后都可以交给人工智能。"这句话更站不住脚,须知人工智能虽是机器的高级阶段,但创造工具、制造工具的是人,最终操作工具、改进工具的也是人。一切都离不开人的辛劳与智慧。

  一个人的成长,需要在劳动中历练。像我自己从小在农村长大,从小就帮家里干农活,自己挣钱交学费,觉得劳动是很快乐、很光荣的事。陶渊明在《劝农》一诗中写道:"民生在勤,勤则不匮。"这说明劳动是财富的源泉,也是幸福的源泉。高尔基曾经说过:"劳动是世界上一切欢乐和一切美好事物的源泉。"托尔斯泰曾说:"劳动能唤起人的创造力。"古往今来,前贤先哲歌颂劳动的名言比比皆是。劳动带给人的好处是很多的。现在学生参与劳动可能并不直接创造财富,但可以培养优良品质。"劳育"有利于强身心、健体魄。劳动创造了人类本身!人类的进化,固然是出于大脑的发达,但也有赖于肢体的完善。"头脑简单,四肢发达"有失偏颇,"头脑发达,四肢萎缩"同样也不可取。劳动锻炼身体,提高动手能力,有利于培养良好的智商情商、协作能力、责任意识和吃苦耐劳的劳动精神。能吃苦方能有所成就，须知好日子都是奋斗出来的。

在一所学校，教师传授、学生学习的都是科学文化知识，劳动本身是科学文化的源头，也是科学文化的重要组成部分。鲁班发明了锯子，李春造出桥梁，袁隆平培育杂交水稻……创新创造不可能是"四体不勤，五谷不分"的人闭门造车的产物，都是来自一线劳动的直接启发、经验积累与智慧结晶。学习离不开劳动，劳动是最好的学校！

当前社会价值观出现很大偏差，纠正起来很难。但作为高校的重要职能，文化引领是很重要的一项。建桥在劳育方面要带头做些什么？我有一些初步的想法。

我考虑创办一个劳动基地。准备向有关部门申请在离学校不远的地方建设一个劳动基地，种植无污染的水果蔬菜，主管部门的领导也很认同这个理念。在建桥，劳育表现要纳入"素质教育零学分"，师生们每周参加劳动一两次。要从制度层面好好设计，促使学生养成爱劳动的习惯。

我希望师生们通过亲身参与劳动、体验劳动来理解劳动的内涵。从培育土壤到种植作物，一份汗水、一份辛劳、一份收获，最后让劳动者分享劳动成果。在我们的餐厅，师生们能吃到自己种植的农作物。通过劳作，师生们自然而然会感受到，地球母亲把土地、水分、阳光提供给我们种植、生产，养育了亿万生灵，从而学会感恩地球、保护地球，自觉加入环保行动。学生会在农作物的生长过程中，看到农作物遭受自然灾害的情形，就能体会到对自然现象的敬畏、对自然规律的尊重。亲力亲为的劳动实践教会学生珍惜自己和他人的劳动果实，体验劳动教会学生尊重劳动和劳动者，让学生懂得劳动的不易，知道保障劳动者的权益、为劳动者服务。总之，劳育是一门学问，需要我们在今后实践中不断完善。

烛光照亮未来　梦想改变命运*

云南会泽的小朋友：

你们好！

周爷爷先给你们讲一个红领巾的故事。

我记得在读小学三年级的时候，有一天，老师通知我："你可以加入少先队了。"那天我特别高兴，老师又说："这条红领巾要三毛五分钱来买。"当时我心里就咯噔了一下。三毛五分钱，在今天看来是很小很小的数目，但是对当时我的家庭来讲，这是一笔很难解决的费用。我知道家里很穷，如果回家向父母要这三毛五分钱，他们也会给我，但这会是家里的一笔支出。那天我就想，我是少先队员了，能不能自己做一件事情来解决这个困难。那几天放学以后，我就去捉泥鳅、捉黄鳝，最后自己挣到三毛五分钱买下了这条红领巾。我当时的家庭情况可能与你们现在差不多。穷人的孩子早当家，我们家里都不富裕，我希望在座所有的小朋友都快点成长，快点当家，除了学习好，还能用自己的力量去帮助父亲母亲，帮助爷爷奶奶一起建设好这个家，帮助家里解决一些实际困难。

接下来，我与大家分享对命运的看法。

命运是什么？

我们有的人出生在上海，有的人出生在云南山沟沟里，两个不同地方出生的人，他们的命运是不一样的。有的人出生在部长家里，她是部长的女儿，我们大家都是农民的小孩。有的人出生在大老板家里，他一辈子都不知道什么叫"饥饿"，我们很多人都出生在贫穷的家庭，可能会特别体会到生活的艰难。这就是我们大家的"命"。"命"是不一样的，我们一出生就是不公平的。这种不公平是一种常态，我们不要去抱怨它，因为我们无法改变。我们已经出生在云南了，我们不可能再出生一次，出生在上海。我们已经是农民的小孩了，就不可能再出生在部长、大老板家里了。既然这个"命"是改变不了的，我们就不要去抱怨，它已经注定了。当然，我们还可以再想想，出生在非洲的小孩，除了贫穷，他

---

* 本文为2019年7月20日在"烛光照亮未来"建桥行夏令营闭幕式上的讲话。"烛光照亮未来"是民盟上海建桥学院支部面向全国贫困地区学生创设的公益夏令营。从2004年至今，已资助来自云南、贵州等地的近400名贫困生来沪参加活动。

们还受到疾病、战争的威胁,比起他们,我们又好多了。我接待过很多烛光学校的小孩,你们是长得最白的一批,你们都很聪明,都很漂亮,不像去年来的大凉山的彝族小孩,他们的条件比你们还差。既然出生、基因都是不能选择的,我们就不要去抱怨。那我们认"命"吗?我们不认"命"。

"命"后面还有一个"运"字,"运"可以是一个动词,通过我们的努力,它是可以改变的。如果讲读书的环境,我小时候读书的环境比你们差多了。我当时的小学就在一个庙里,从小学一年级到五年级,只有一位年轻的女老师,语文、数学、体育都是她教的。就在这样的条件下,我还是通过自己的努力考上了大学,通过自己的努力赚了钱,通过自己的努力办了一所大学。"命"不能选择,"运"是可以改变的。出生在云南不要怕,大家好好努力,命运是会改变的。

◉ 演讲现场

大家一直问我,"烛光行"到底有什么意义呢?我想可能有三点意义。

一是好玩。人在少年儿童时期,好玩是天性。每天被生活压得喘不过气来,肯定不利于你们的成长。放暑假了,放松一下,好好玩几天。

二是让你们看看外面的世界。一个人如果不知道外面的世界怎么样,他是不知道差距在哪里的,也没有奋斗的方向和目标。大家看到上海,觉得上海太好了,这就是上海与云南的差距、大城市与农村的差距。上海有美好的生活,也不是天上掉下来的,是靠一代代上海人一起奋斗、创造出来的。上海原来也只是一个小渔村，靠一代又一代上海人建设起来的。你们也不要怕，将来的云南会更漂亮。

三是通过"烛光行"活动留一个梦想。将来想办法要实现这个梦想，一定要来上海，来建桥读大学。虽然这次"烛光行"活动已接近尾声，但你们与建桥的情谊才刚刚开始。周爷爷给你们一个承诺，将来你们在学习生活上如果遇到特别大的困难，自己解决不了的，你们可以求助建桥，这里有周爷爷，有许许多多的志愿者哥哥姐姐，我们一定会帮助你们。如果你们考上建桥，学费全免。你们一定要好好学习，在学校做个好学生，在家里做个好孩子，不断努力，不断改变家庭的命运、自己的命运。

周爷爷还给你们讲一个小故事。当年我还在田里插秧，邮递员把江西财经学院的录取通知书送到我手上，我打开一看是江财工业会计系，我就一路狂奔，跑到家里对妈妈说："妈妈，以后大队的会计肯定是我当了！"我的意思是，各位小朋友要从小立下志向，改变家庭的命运，不能坐等父母从外面打工多带回一些钱。我想，你们想念父母，父母更想念你们，他们在外面碰到的困难，你们更无法想象。你们在家里也要坚强起来、努力起来。

对我们大多数农民家庭的子女来说，读书是改变命运的最主要方式，甚至可以说是唯一方式。大家一定要把读书放在第一位。我赚了钱以后就想，如果读大学能改变一个人的命运，那么，办大学就能改变更多人的命运。我让你们来到上海，也想给你们留一个最大的梦想，将来长大了，也要考大学，考到上海来，考到建桥来，建桥有可能会陪伴你们一生。建桥现在有些教师、辅导员、工作人员，就是周爷爷办的烛光学校的学生成长起来的，一眨眼十多年过去了，再过十来年，你们也能读大学了，只要你们考进建桥，我们也会力所能及地把你们留在这里工作。

这一次你们看到了上海，我想你们一定还没有看到过美国纽约，这个世界很大，将来你们从大山里走出来，希望你们走向全国、走向世界。今天，我还给每位小朋友准备了一份特殊的纪念品——全球通用的100美元，希望你们拥有一个走向世界的梦想！

第四章
内部治理

⊙ 为名誉校长杨福家院士颁发聘书(2011年)

党建工作非常关键*

尊敬的各位领导、各位来宾,同志们:

大家好!

在辞旧迎新的节拍中,学校第二次党代会在今天召开了,这是学校政治生活中的一件大事。虽然时值严冬,但是校园里洋溢着春天的气息。在这里我代表学校董事会,谨向大会的召开表示热烈的祝贺,向百忙中到会的上级领导表示深切的谢意,向出席会议的全体代表、全校共产党员和全体师生员工致以诚挚的问候!

对于民办高校党组织的工作和活动,我在多年前就表述过如下观点:一是民办高校应该建立党组织,而且必须要建立党组织;二是党组织在民办高校中的作用,不可或缺,也不可替代;三是举办者支持党组织开展工作,责无旁贷,理所当然。到今天许多年过去了,党组织在思想政治和保证监督方面发挥的作用,印证了我以上的观点;特别是经过共产党员先进性教育和深入学习实践科学发展观等活动,共产党员的先进性得到充分体现,从第一任党委书记黄清云教授,到第二任书记蒋威宜教授,从总支书记到党员师生等,都在辛勤工作、努力学习、克服困难、开拓创新,为学校发展付出了辛劳、奉献了才智;我欣喜地看到,共产党员始终奋斗在人才培养、科学研究、社会服务和文化传承工作的第一线,在取得的各类先进和荣誉中,共产党员占到绝大多数,发挥了先锋模范作用。这些都值得好好总结、发扬光大。

当前的大事很多,中国共产党的十七届五中全会提出了转变经济发展方式和调整产业结构的发展思路;全国和地方的教育中长期改革与发展规划相继出台,各校都掀起了贯彻落实的热潮;"十一五"已经收官,"十二五"的开局之年就在眼前。就学校的状况看,我们刚刚用自己的方式庆祝了建校十周年;通过加强学科专业建设,取得了学士学位授予权;及时总结了"十一五"期间学校的工作,初步完成了学校"十二五"改革与发展规划的编制;法人财产过户到学校的工作取得重大进展。在这样一个关键时期,在建桥正站在新的起跑线上的当口,学校第二次党代会召开,并且还将选出新一届党委和纪委,这是很及时的,

---

* 本文为2010年12月30日在上海建桥学院第二次党代会上的讲话。

对此，大家寄予了热切的期望。希望即将产生的新的党委，能够认清形势，驾驭全局，结合办学实际，融入教育教学工作，带领全校党员，团结师生群众，朝着我们共同制定的发展目标，不断前行，再创佳绩。

据我了解，本月中旬，第十九次全国高校党建工作会议刚刚开过，习近平、刘延东、李源潮、袁贵仁等领导都到会讲了话。我抽空学习了大会的基本精神，进一步认识到，在中国特色社会主义的环境下，高校是育人基地，是人就要有思想讲政治，在思想政治层面，高校党组织或者说党建工作的作用是很有必要、非常关键的。为此，对于即将产生的新一届党委和全校共产党员，我有以下建议：

一是认真学习第十九次全国高校党建工作会议精神和新修订的《中国共产党普通高等学校基层组织工作条例》。虽然这个条例的着眼点和着力点是大多数的公办学校，但这并不影响我们的党组织结合民办学校的实际，把它贯彻好、落实好。

二是继续发挥保证监督作用。保证党的教育方针、国家政策法规在学校得到贯彻落实，帮助董事会把握办学方向和发展定位；同时，及时向上级党组织和政府有关部门反映学校的合理要求，为改善民办高校发展的外部环境发挥应有的作用。

三是带好队伍。大学教学的主体是师生，因此要关心知识分子群体，培育优秀青年群体。民办学校的师资队伍不够稳定，有待遇的原因，因为人有基本的生存生理需求；也有思想情绪、人文环境、职业前景等方面的原因，因为人还有建功立业、自我实现等的需求。党组织要扬其长、避其短，做好优化人文环境、净化人的心灵的工作。对待学生的成长，要多理解新生代的特点，少一些指责他们"顽劣"；要多引领疏导，少一些封堵限制；要多放手发动，少一些包办代替；要多循序渐进，少一些贪大求全。总之，要搭建平台、畅通渠道，发挥学生的主观能动性，释放他们的创造思维。

四是党员在正在开展的创先争优活动中要做出榜样。建桥建校发展十年，期间党员的作用有目共睹。我曾经说民办学校党组织是办学的"政治资源"，主要就是说党员队伍是优秀的人力资源。希望全体共产党员在创先争优活动中继续努力，发挥先锋模范作用，影响和感召其他人员。

大家来自五湖四海，为了共同的目标走到一起。"兄弟同心，其利断金"，让我们一同给力建桥、发展建桥，建桥的发展和兴旺也必将惠及大家和社会。最后，预祝学校第二次党代会圆满成功，祝大家在即将到来的新年里愉快、幸福、进步！

持之以恒、常抓不懈才有好效果*

各位董事：

学校党政班子工作作风务实，班子成员能客观对待工作中遇到的各种新情况、新问题，建议今后除了面上工作的总结汇报，还可重点聚焦办学过程中遇到的若干问题，如校风学风建设开展专题调研，将问题的处理和解决作为重点工作来抓，并将落实情况向董事会汇报。学校近期正在实施或正在酝酿的几项工作很有创意，如成立教师教学发展中心、筹建国际设计学院、研究五星级辅导员制度等，这些工作应加强顶层设计、重视过程协调。去年成功举办的第十届"建桥杯"和即将举办的第五届海峡两岸民办（私立）高校校长论坛都充分印证了"持续就是影响，坚持就是力量"，学校开展的各项工作也应秉承持之以恒的精神，如教师培训、学风建设，只有常抓不懈才会有好的效果。一些工作尤其是涉及师生的利益的工作，应通过一定形式予以公开，一方面可保障师生的知情权，另一方面也可促进师生了解校情。今后将更加重视董事会建设和校领导班子建设，要把班子的学习、提升、优化作为一项重要工作抓好抓实。

---

* 本文为2013年3月24日在四届八次董事会上的讲话（摘要）。

找准问题、有的放矢再上新台阶*

各位董事：

学校这几年取得的成绩有目共睹，学校发展上升势头明显，尤其是在以下几个方面取得了突破。

一是国际化教育方面。"建桥-丹麦国际班"的举办不仅在社会上产生了积极影响，提升了学校声誉，而且对建桥学生的学、教师的教也产生了积极的促动，并为我校的留学生管理体系建设积累了宝贵的经验。此外，国际设计学院的筹建工作也在积极推进。

二是管理体制改革方面。两级管理取得了实质性进展，二级学院的办学自主权不断扩大，办学积极性得到充分发挥，尽管还存在一点问题，但只要坚持改革思想，大胆尝试，两级管理一定能进一步解放二级学院的生产力，释放学校的办学活力。

三是制度建设方面。尽管近期董事会调整了校领导班子，学校运行总体上仍呈现规范有序态势，说明这几年建桥的制度体系不仅建设好了，而且发挥好了，学校办学已顺利实现了从主要依靠人到主要依靠制度的转变，学校各项工作更多的是依靠制度在起作用。

四是科研形势喜人。学校的科研工作从无到有，不仅起步了，而且上升了，尤其是近几年来，科研工作不论是立项数、经费总量，还是科研成果、科研质量，都有了明显提高，科研工作已走在上海市民办高校前列。

五是研究生培养。尽管学校还未获得硕士点，但学校已经为申硕做了大量扎实有效的工作，更与东华大学联合培养计算机方面的工程硕士，令人眼前为之一亮。

部分教师反映的建桥艰苦奋斗的精神有所缺失只是个别现象，新一届班子总体上是奋发有为、开拓进取的，让董事会看到了新气象、新动作、新希望。尽管本科评估专家尖锐地指出了学校工作中存在的各项问题，但所谓"旁观者清，当局者迷"，换个角度看，可以把专家的批评看作一次发展的契机，要感谢他们为学校找准了问题，只要今后针对这些问题有的放矢地开展工作、落实整改，建

---

* 本文为2013年11月25日在四届九次董事会上的讲话。

桥的事业一定能再上一个台阶。

我完全赞成校领导班子正在酝酿的定岗定编思路，支持教师增量向一线教学人员倾斜。我建议通过精简部门及人员、优化办事流程、开展信息化建设等手段来提升学校的行政效率，控制行政人员数量的增加。希望校班子在设计有关教师待遇的政策时，一定要贯彻奖勤罚懒的思想，不搞平均主义，做到能者多劳、多劳多得。

随着十八届三中全会的召开，全面深化改革将成为今后包括教育在内的各个领域的主旋律，学校一定要牢牢把握历史赋予的机遇，充分发挥民办的体制机制优势，既要发扬建桥 13 年办学历史形成的优良传统，又要敢于改革创新，董事会一定会全力支持学校的各项改革工作。

怎样在阻力和困难面前葆有改革热情*

同志们：

今天听了几个学院和部门的交流发言，说明大家正在积极思考谋划学校的转型发展问题，有的学院和部门已经有实质性的动作了。一个人的智慧是有限的，转型发展是全体建桥人共同面临的重要任务，只有发动广大教职员工集思广益、群策群力，转型才有可能成功，发展才不会变成一句空话。

为了开好这次务虚会，校长还专门布置了讨论提纲，使这次会议主题更加聚焦，研讨更具针对性。会前我认真看了会议材料，包括讨论提纲，觉得最大的特点是突出了改革，涉及人才培养、教学管理、队伍建设、机构设置等方方面面。我感觉，这些改革思路或改革举措，应该是这么多年来力度最大的。但改革往往意味着打破旧有格局，会碰到各种各样意想不到的阻力和困难。怎样才能在这些阻力和困难面前长期葆有改革的热情？我认为，关键是要抓住三个"力"。

一是动力。今年是学校任务最为艰巨的一年，我们马上就要整体搬迁到临港，很多老师即将开启披星戴月的上班模式，在这一背景下，改革转型的任务不但没有减轻，反而比前几年加重了。要完成那么多任务，没有一定的物质激励不行。在上周的教代会上，我提出要坚持董事会提出的收入翻番目标不动摇。学校正在研究制定新的工资福利方案，总体上体现了工资进一步增加、福利进一步改善的趋势。当然，物质激励重要，精神激励也很重要。除了在待遇方面做好文章，学校还要进一步营造宽松舒适、人尽其才的工作氛围，使教职员工能"各居其位，各司其职，各负其责，各显其能，各取其酬"。简而言之，我们要让努力付出的教职工感受到，在建桥，工作环境是优越的，工作心情是愉悦的，工资收入是体面的。要实现这一目标，不仅要靠董事会，要靠校领导班子，也要靠在座的中层干部、骨干教师，还要靠每一位普通教职工的共同努力。

二是执行力。光说不做没用，喊破嗓子不如甩开膀子。已经有不止一位老师向我反映，学校一些工作往往是停留在口号上，口号喊得很响，但一落地就没声音了。个别校领导也表示过，很多工作交代下去，连片水花都漂不起来，这就说明我们的执行环节出了问题，执行不力，没有跟踪，缺乏反馈，导致"决而不

---

* 本文为2015年1月24日在寒假中层干部务虚会上的讲话。

行,行而无果"。建桥的中层以及骨干基本都在这里,我觉得,你们是各种政策决议落地最关键的一环。你们的执行力直接决定了整个学校的执行力。《卓越建桥计划》很好,可关键是要靠大家去落实。中层骨干的主要任务,就是把领导的意图、想法进一步细化,落到实地,并及时总结反馈执行过程中发现的新情况、新问题,循环改善。

三是耐力。"建桥杯"十周年的时候,我们提出了一句宣传口号——"坚持就是力量,持续就是影响",我一直认为,凡事贵在坚持。校办今年搞了一本《康桥校区志》,全面记录了自1999年启动筹建工作以来学校办学的整个过程及方方面面,我这几天一有时间就在翻,颇多感慨。现在回想起来,学校有些工作之所以能取得今天的成绩,是因为有一股持之以恒的毅力,哪怕在过程中碰到这样那样的困难,大家没有回避、没有退缩,而是想尽办法去克服,比如升本。2015年是《卓越建桥计划》的正式启动之年,有很多改革性甚至颠覆性的工作要去做,可以想象,在这个过程中肯定会出现这样那样的困难。如果一碰到困难就不再坚持,那么,什么事情都做不好。只有树立"事在人为"的信念,坚持专注地去做,才有可能把事做成。《卓越建桥计划》千万不能只有三分钟热度。我们现在离国内一流民办大学的目标还有很长的一段路要走,这段路要走完,最终靠的还是大家的耐力。

今天校办在会上专门作了有关信息化的介绍,我想特别强调一下信息化的事情。信息化我这几年几乎年年都提,但进展始终不尽如人意,我在听取教代会小组长意见的时候,大家也对学校的信息化不太满意。我想谈两点我对信息化的认识。

第一,信息化的核心不是技术层面的问题,而是管理层面的问题。信息化意味着管理部门要流程再造,一些部门觉得信息化是负担,主观上就不愿意推。

第二,信息化的关键不是投入多少的问题,而是使用效益的问题。信息化的评判标准,不是我们做了多少个系统,而是有多少个系统在被使用、被认可。如果钱花了,但是系统没有在使用,或者系统自身存在很多问题完全不适用,那说明这个钱花得不值、效益不高。

希望学校领导更加重视信息化工作,建议以后新进教师聘用、中层干部任命都要加上一条信息化的基本要求。不懂信息化技术不要紧,至少要有信息化的意识,要会用信息化手段来处理工作。

加强班子能力建设*

各位董事：

感谢各位董事的高度信任，让我再次全票当选董事长。学校的发展方向由董事会把握，因此每一位董事都要"懂事"，既要懂教育的"事"，也要懂民办的"事"，要积极加强对学校章程、法律法规、教育政策的学习，积极深入基层，了解一线情况，积极参加各类学习活动，不断提高自身参政议政的"本事"，使董事会作为最高决策机构能始终带领学校在正确的方向上前进。

董事会决策需要依靠党政领导班子落实，加强领导班子能力建设尤为重要。学校党政领导班子一是要不断加强学习，通过专题学习、外出考察、出国交流、深入基层等多种形式增长见识、了解情况，始终跟紧形势发展。二是要加强个人修养，依靠个人魅力和优良品行影响带动教职员工，在学校内部积极营造风清气正的工作环境。三是要加强合作分工，做到分工不分家，分中有合，合中有分，分管领导要积极配合校长工作，校长要鼓励分管领导勇于担当、放手作为。四是要注重集体领导，重大问题尤其是涉及师生切身利益的问题要集体讨论协商，发挥集体智慧，少走弯路。

第五届董事会仍会将国际化、申硕、升格大学作为学校中长期战略坚定不移地努力推进，通过实施三大战略，加快建成国内一流的民办大学。文化是一个单位的灵魂，要继承和发扬艰苦创业、勇于创新的建桥精神。

建桥是一所民办高校，这里的"民"，不仅意味着"民营"，还意味着"民众"、"民生"、"民主"，所以，作为一所民办高校，不仅要充分发挥民营的灵活机制，在用人上做到能上能下、能进能出，兼顾好公平与效率的关系，同时要积极听取基层意见，关心基层民众的民生问题，把师生利益放在第一位。要积极发扬民主精神，依靠民主实现科学决策，依靠民主取得群众支持。

---

* 本文为2015年6月6日在五届一次董事会上的讲话。

抓大放小切实解决重点问题*

各位董事：

预决算是董事会的核心职责，是学校内部管理的重要工具。预算编制要重点把握好以下几项原则：一是统筹兼顾。统筹就是董事会和校领导班子从学校全局角度出发，统一筹划学校的开支项目，区分轻重缓急，优先考虑既重要且急需的工作。兼顾就是考虑方方面面的实际需要，比如上级部门的要求、二级学院的需要等，使预算科目进一步优化、简化。二是勤俭节约、量力而行。为了学校的发展，该花的钱要花，但花的每一分钱都要用在刀刃上，凡事量力而行，一定要牢固树立节约意识，如果交通成本降一点、接待费用少一点、能源支出减一点，无数个"一点"加起来就会是一个很可观的数字。三是讲求绩效。钱花了要追踪绩效，如实验室建设、出国考察学习等方面的开支要看成效如何，对重要项目开展绩效评价是负责任的表现。四是收支平衡。作为一所民办高校，要实现可持续发展就必须强化收支平衡观念，争取每个年度都能实现略有盈余，避免把债务留给下一代办学者。

学校"十三五"规划是指导今后五年工作的纲领性文件。"十三五"规划的关键是制定好指标体系，并把各项指标分解到部门，作为每年对部门、对干部考核的重要依据，要引导每个部门、每个学院将自身工作与"十三五"规划提出的目标任务紧密结合起来。要发动更多力量参与"十三五"规划的编制，通过专项座谈、专题调研等方式多方征求意见，做到集思广益。

建桥事业要想后继有人，关键是看年轻干部的培养，干部队伍年轻化步伐将很大程度决定未来五年学校的竞争力，尤其是"十三五"一些重要任务的落实，必须依靠一支年富力强的中层干部队伍。近一年多来，越来越多的年轻人走上中层岗位，反映出校领导班子很重视年轻干部培养，但总体步伐还可以再快一点，否则按照现行机制，2020年学校的中层干部队伍还会进一步老化，希望学校领导班子专门研究，出台一些具体可行的办法，切实加快干部队伍年轻化步伐，要尽快培养、选拔一批优秀年轻干部充实到更加重要的岗位锻炼。

师资队伍建设要坚持引进和培养的做法，要采取切实可行的办法避免学校

---

* 本文为2015年11月6日在五届二次董事会上的讲话。

培养出的优秀骨干人才流失。人事部门和二级学院要加强联动合作,加强教师队伍的引进和培养工作,尤其是要解决重点骨干人才难引进、留不住的问题。学校要充分利用民办的体制机制优势,重点人才可以采取"一人一议"、"一事一议"等特殊机制、特别办法。民办的体制机制优势还体现在优胜劣汰,要将教师绩效评价和收入分配更加密切结合起来,体现优者能者多劳多得。建议成立教育公司负责经营性项目,鼓励教师参股,实现风险共担、收益共享。

大部制改革并不是简单意义上的机构和人员精简,更重要的是为了精简办事流程、提高行政效率、优化行政服务,同时也有助于将更多的资源和力量向二级学院倾斜,充实二级学院的办学实力。学校信息化工作一年来取得了积极成效,要善于利用信息化手段提高行政效率、实现民主管理。

我在此次董事会召开之前听取意见时发现,一些教职工反映的很多意见都是老生常谈的问题,这反映出学校有些部门的执行力还不够强。希望校领导班子更加关心基层群众的呼声,尤其对一些反复出现、反映强烈的问题要抓紧研究和尽快解决。希望校领导班子进一步加强全局观念,抓大放小,善于调动全校上下的积极性,每年聚焦若干重点工作一抓到底、切实抓好。

实现学校治理能力和治理水平的新跨越*

各位董事：

在学校领导班子共同努力下，学校近两年呈现出令人可喜的变化，精气神儿得到了有效提振，广大教职工的凝聚力和自信心不断增强，学校呈现出越来越好的发展面貌。

学校已经连续11年按照平均9％～10％的幅度给教职员工增加工资收入，广大教职工充分地分享了学校改革发展的红利。随着学校事业的进一步发展，还会有更多红利惠及教职工，但这并不意味着撒胡椒面式的做法，薪酬待遇的增量部分要更多地向中青年骨干教师倾斜，向有突出贡献的教职工倾斜，要杜绝平均主义，坚决避免不做事、少做事却拿高收入的现象。

学校"十三五"规划进一步厘清了学校的目标任务，董事会最关心的还是争取硕士点，希望学校在已有学科建设基础上再发掘新的潜力，探索在人无我有方面作出新文章。建议学校可以吸收外部专家来参与分规划的编制工作，要充分聚合校内外的智慧来做好"十三五"的顶层设计和落地实施，争取未来五年实现建成国内一流民办高校的目标，跻身全国民办高校排行榜前十位。

近两年学校的国际合作与交流实现了量与质的双提升。学校要充分总结已有项目的成果和经验，按照"扩大影响，为我所用"的原则继续深化国际设计学院等国际化办学项目。要更加重视优秀课程、优秀师资的引进，让更多建桥师生能分享国际化办学带来的益处，要积极加快培养一批国际化的教学、管理人才。

学校应积极加强与临港地区兄弟院校的沟通联系，推动临港五所高校组建联盟，更好实现资源互惠共享。希望学校认真研究"教育＋互联网"，更好利用互联网来充实教育资源、丰富教育手段、提升管理水平，通过信息化不断降低运行成本。

教风建设应先于学风建设，抓学风应从教风开始抓起，抓教风应从党员干部开始抓起。只有教师拥有良好的教风，学生才能有良好的学风。一所大学没

---

* 本文为2016年3月18日在五届三次董事会上的讲话。

有文化就没有活力,发展就难以持续,要高度重视校园文化建设。要积极总结学雷锋活动的经验成果,以雷锋馆建设为契机,将践行校训精神和践行社会主义核心价值观更加紧密结合起来,使学校时时处处充满正能量。

现代大学制度建设是学校永恒的主题,要准确定位董事会、校长、党组织、两代会、学术委员会等不同权利主体的地位和作用,积极发挥决策咨询委员会、发展委员会、经费预算审查委员会等组织的功能,希望大家群策群力、集思广益,不断完善学校内部治理结构,实现学校治理能力和治理水平的新跨越。

牢记使命　　不忘初心*

董事们：

大家好！

董事会的能力和水平在一定程度上决定了学校发展的速度和水平，今天的会议充分反映出大家会前的深入调研、认真思考、集思广益，大家看到了很多问题，能看到问题才有希望解决问题。今后董事会将重点在提高决策能力、强化督办考评等方面加强自身建设，董事会将进一步加强对校领导班子的考核，每个学年都确立一项重点考核任务，本学年的重点考核内容是师资队伍建设。

我今天着重讲四个"重"。

一是要重基础。基础不牢，地动山摇，基础工作一定要夯实。这些年来，学校聚焦改革发展、特色发展，做了很多工作，取得了一些成绩，但不能否认，在基础工作上，学校还有很多薄弱的环节。比如，学风、校风有下滑的趋势，学生在公众场合抽烟、丢垃圾等现象屡见不鲜，迟到旷课等现象比较突出。学风、校风有问题，反映出我们的师风、教风可能也存在问题，课前不认真备课、上课随便应付、课后不管不顾的教师还不乏其人。身正为范，教师只有以身作则率先树立良好的师风、教风，学校才有可能树立良好的学风、校风。

二是要重评估。就外部评估而言，我们有专业评估、申硕评估，还有2019年的审核评估，对这些评估学校一定要高度重视，树立全校一盘棋思想，全力以赴做好迎评工作。就内部评估而言，要加强对重点工作、重点项目的评估，要发扬"盯关跟"的精神，关心项目执行成效、是否碰到困难等，要避免一些工作停留在表面文章，力求实效。尤其是这些年来政府扶持资金项目数量多、金额大，更要加强项目统筹安排、过程管理以及事后绩效评估，要以更负责任的精神做好政府扶持资金项目。

三是要重特色。办学特色有很多方面，不仅仅局限于专业特色，还有文化特色、管理特色。应该说学校通过办学16年的积累，在文化和管理方面已逐渐形成了建桥特色。比如，在文化方面，我们的"桥"文化、学雷锋等，在管理方面，我们的法人治理、学生工作、后勤服务等，都有了积极的探索和积累。只要坚持

---

* 本文为2016年9月24日在五届四次董事会上的讲话。

不懈,这些方面的特色是能够不断强化的。在专业方面,学校也有很多潜力可以挖掘,如珠宝、智能制造等,学校要多下功夫研究,选准专业,强化特色,从而提升我们的竞争力。要认识到产业发展始终走在高校前面,提高前瞻性,充分发挥民办高校灵活的体制机制优势,找准新的专业增长点。

四是要重风险防范。学校体量越来越大,一定要有强烈的风险防范意识,上半年培训方面就出了点突发状况,造成了不好的影响。学校方方面面都要系统梳理一遍,查查是否存在潜在的风险,尤其是在中外合作办学、校企合作办学方面,要更加审慎地评估合作方案,关心在项目执行过程中有无出现新情况、新问题,如果在苗头环节能做到早发现、早解决,我们就能将风险及其造成的损失控制在最小范围内。

学校在 16 年前就将"为学生建成才之桥,为教师建立业之桥,为社会建育人之桥"作为自己的办学使命,这个使命也是建桥的"初心"。希望全体建桥人牢记办学使命,不忘初心,继续前行。

党组织在民办高校的作用不可替代*

尊敬的领导、来宾,各位党员代表:

大家上午好!

经过长时间的充分准备,上海建桥学院迎来了第三次党代会的召开,这是全体建桥人的大喜事。首先,请允许我代表上海建桥集团、上海建桥学院董事会,对大会的胜利召开表示热烈的祝贺!对上海市教卫工作党委、上海市民办高校党工委全程关心、指导大会的筹备工作表示衷心的感谢!

作为上海最早设立党组织、最早成立党委的民办高校,建桥党委在保证政治方向、凝聚师生员工、推动学校发展、引领校园文化、参与人事管理和服务、加强自身建设等方面展现了积极有为的姿态,起到了无可替代的作用;建桥党员师生充分发挥先锋模范作用,在文明创建、升本评估、新校区搬迁等重点工作、重要任务、重大项目中敢为人先、吃苦在前,体现了共产党员的担当,发挥了居功至伟的作用。党组织在建桥绝对不是可有可无。在短短18年不到的办学历程里,建桥办学质量不断提高,综合实力不断提升,社会声誉不断增强,已成为一所全国知名的民办本科院校,这其间倾注着各级党组织和每位党员的心血。

我曾说过,建桥能取得今天的成功,最大的幸事是有党的好政策:是党的改革开放政策让我们这批企业家赚到了"第一桶金",具备了办学的物质基础;是党决定放开社会力量进入高等教育的门槛,让我们这批举办者有了办学的准入机会;是党的关心支持才有了建桥的跨越式发展,办学实力迅速跻身全国民办高校前列。正是有这样的认识,我经常对校长和其他班子成员说,党组织在建桥的作用不可替代,党组织在建桥的地位不可削弱,党组织在建桥的功能不可虚化,要从思想上认同党组织的作用,从制度上保障党组织的活动,从物质上支持党组织开展工作。

建桥的党组织和党员干部也很给力,善于在实践中探索,善于在探索中创新,党组织的工作覆盖面不断扩大,通过积极的"有为"获得了重要的"有位"。目前,在学校董事会11名成员中有九名是党员,校领导班子除一名非党人士外全部都是党员。

---

* 本文为2018年3月15日在上海建桥学院第三次党代会上的讲话。

在建桥，党组织的话语权绝对不是一句空话。我们主要通过以下几项来保障党组织权力的行使：一是重要事项的审议，党委书记不能缺席；二是重大项目的决策，党委书记不能缺席；三是重点任务的督办，党委书记负责牵头。我们去年将师资队伍建设作为对校长考核的关键指标，同时明确由党委书记负责督办，这就是我们在内部治理方面的新探索。

在建桥，党组织作用发挥的空间并无止境。民办高校的核心权力主要体现在人权、财权，这几年，党组织在人事方面发挥的作用越来越大，今后还将更大，我们将以"三个必须"来保证党委在人事方面的权力行使：一是干部的选拔，必须经过党委审查；二是干部的培养，必须要由党委牵头；三是干部的评价，必须要有党委参与。

今后，董事会将尽最大努力为党的工作保障好条件、创造好机会，希望全体党员干部继续以奋发有为的姿态，在建成国内一流民办大学之路上再立新功！

同时，我也希望上级党组织能继续对建桥党的工作给予关心和指导，通过指路子、搭台子、压担子、结对子，推动建桥党建工作再上新台阶。

谢谢大家，预祝本次大会取得圆满成功！

高站位　高品质　高效率[*]

各位董事：

建桥创办以来，我自己一直有"如履薄冰"的感觉，总觉得还没有给学生提供最好的教育、最优的服务。我从"高站位"、"高品质"、"高效率"三个方面对学校实现高水平办学提出一些意见和建议。

高站位，就是要始终坚持建成国内一流民办大学的目标不动摇。任何一个单位都离不开一个目标来引领和驱动自身发展。对建桥来说，建成国内一流的民办大学，既是创业的初衷，更是为上海争光的雄心。实现建成国内一流民办大学的目标，要有具体的抓手，国际化、申硕、升格为大学这三个战略就是我们要长期坚持不动摇的抓手，要对标找差距，不断加强建设，弥补或缩小差距。

高品质，就是我们为学生提供的教育、服务必须是高质量的。要经常反思我们在教学环节、管理环节、服务环节存在的问题，对存在的问题不能不在乎、视而不见，要明确期限采取切实有效的措施予以整改。严格管理不仅针对学生，也要针对教职工，对一些不负责、不尽职的教职工要敢于曝光处理。敬业爱岗的教职工才是建桥最宝贵的财富，是优秀生产力的代表，一支敬业爱岗的教职工队伍才是支撑起高品质教育和服务的关键，要重视引进高层次、高质量的优秀人才，不断优化我们的队伍结构。对一些服务型的岗位，要建立师生评价服务满意度的机制。

高效率，就是要善于发挥民办的体制机制优势提高管理效率、办学效益。管理出效率，办同样一件事，如果能以更少的资源配置、更少的时间消耗、更少的程序环节来完成，那就意味着高效率。要善于发现问题、正视问题、解决问题，以问题为导向谋划工作、推动工作。学校的很多工作、很多制度归根结底还是要靠落实，如果不狠抓落实，效率就会成为空话。要善于运用信息化手段来提升效率，目前信息化建设在管理和服务方面已经取得了很大的进步，在教育教学领域的运用方面还有很大的开拓空间，希望学校进一步推动。

---

[*] 本文为2018年4月11日在五届七次董事会上的讲话。

直面挑战　迎接机遇*

董事们：

经集团股东大会表决，决定将上海建桥学院登记为营利性民办高校。

不论选择营利性还是非营利性，都将面临各自的不确定性和风险，但"物权决定治权"，从保障学校办学自主权和办学传统的角度出发，举办者最终决定将学校登记为营利性。尽管选择了营利性，但举办者将始终坚持公益性的办学理念不动摇，始终坚持建成国内一流民办大学的办学目标不动摇。为更好保障学校办学条件和师生权益，董事会将确保用于教学投入的经费只增不减，确保用于教师福利待遇的经费只增不减，确保用于学生奖补助和社团活动的经费只增不减。为了表示举办者的决心，同时减轻学校的经费压力，今年举办者又再次追加了5.4亿元的投入以支持学校办学。

学生既是我们办学最重要的客户，也是检验建桥品质最重要的产品，要千方百计把学生服务好、培养好，要继续提高学生奖学金、助学金等方面的投入，保障学生的社团活动经费，不断提高学生对我们教学、管理、服务的满意度；教师是我们办学最重要的依赖，要始终把师资队伍建设作为各项工作的重中之重，不断改善教师福利待遇，创造更好的工作条件和发展平台，实现"事业留人，待遇留人，感情留人，环境留人"，原来学校计划2020年教师的收入要在2010年的基础上翻一番，但这个目标提早两三年就实现了，今后将按照年均7.5%左右的增幅继续提高教师收入，争取十年内教职工收入再次翻番。

2019年是学校选择营利性办学后的第一年，保障平稳过渡是重中之重，希望校领导班子聚焦"合作"、"质量"、"评估"、"稳定"等关键词，更加扎实、更加细致地做好相关工作。要系统梳理、全面评估各类合作办学的经验得失，防范潜在风险；要把教育教学质量摆在第一位，尤其是要关心大学英语四六级、计算机等级考试等可比性指标，绝对不能落后于同类院校；要全面做好迎接审核评估的各项准备工作，查找薄弱环节，真正以评促建；要做好教职员工的宣讲工作，取得师生员工的理解和支持，确保学校分类选择后平稳过渡。

---

* 本文为2018年10月28日在五届八次董事会上的讲话。

建桥从创办至今，克服了一个又一个困难，创造了一个又一个第一，走出了一条不寻常、不平凡的办学之路。只要我们继续秉承先进的办学理念、强烈的教育情怀、优良的体制机制，建桥就一定能直面挑战，抓住分类选择带来的机遇，规避分类选择形成的风险，加速把建桥办成国内一流的民办大学。

队伍建设是重中之重*

各位董事：

  师资队伍是重中之重，这次董事会时隔两年再次专题研究师资队伍建设工作，可见师资队伍问题破解困难、成效不大。人事工作不是人事部门一个部门的工作，不能光靠人事处几个人，要形成全校一盘棋，充分调动二级学院的积极性和能动性，改变二级学院"等靠要"的现状，让学院的院长和书记们主动到人才市场、到目标高校去宣讲、去招聘，要把引进教师和稳定队伍作为考核二级学院或院长的重要指标。要拓宽教师引进渠道，尤其是加大公办高校退休教师的引进力度，积极从行业企业引进一批高水平双师型教师，从台湾高校引进一批学科带头人和骨干教师。

  建校以来，有一批年轻干部始终坚持与建桥同发展、共成长，他们高度认同建桥的文化和理念，是建桥当前乃至未来发展的中坚力量，要重视这批队伍的稳定。在明年 20 周年校庆的时候，对这批长期坚守在建桥的教职工要进行表彰奖励。我认为，干部就是建桥的"腰"。"腰"的重要性不言而喻，腰板硬才能走得稳、跑得快。董事会出钱只是买了一块地基，地基要造成高楼，高楼能不倒就是靠一根根柱子，干部就是"柱子"。建桥碰到困难的时候，"柱子"就要站出来，带领大家一起干，干部有这样一种精神，建桥的明天才会更好。建桥需要让更多的年轻人站出来成为建桥的"柱子"。学校要大力推进干部年轻化，希望步伐还能加快。内部培养始终是我们培育中坚力量最根本的途径，这方面党委要发挥更加重要的作用，善于发掘有潜力的中青年干部，培养好、发展好、使用好。要严格控制行政工勤人员的比例，鼓励具备条件的行政人员考取教师资格证并兼课。

  建桥办学以来始终坚持以教师为本、以学生为中心，不管外部环境有何变化，只要能更多考虑学生和教师的利益，就能增强我们自身的定力，不为外部形势所左右，做到有所为有所不为。学校各方面应重视发挥监事会的作用，为监事会履职提供必要条件，使监事会成为学校内部治理结构的重要一环。

---

* 本文为 2019 年 3 月 24 日在五届九次董事会上的讲话。

第五章
民主管理

◉ 获评首届浦东年度经济人物,与母亲一起接受颁奖(2013年)

切实保障教职工知情权、参与权和表达权*

各位代表，老师们：

经过较长时间的酝酿和准备，上海建桥学院第二届教代会暨第三届工代会一次会议在今天顺利举行。首先，请允许我代表董事会向会议的召开表示热烈的祝贺，向为学校改革发展做出杰出贡献的第一届教代会、第二届工代会表示诚挚的谢意！

今天我们所处的会场很大，足足可以容纳近300人；与会人员不多，代表加特邀嘉宾才100多人。尽管如此，我还是感受到会议的庄重、严肃。代表们带着全校教职工对学校改革发展的殷切期望来参政议政，体现出认真、饱满的精神面貌。

教代会、工代会是学校实施民主管理的重要载体。就此，我谈两点想法。

第一，民办高校比公办高校更需民主管理。

民办高校的"民办"身份，导致其获得政府和社会的认可，需要付出比公办高校更为艰辛的努力，在办学过程中必须避免差池。因为如果出现差池，给政府和社会造成影响，是很难消除的。如何避免办学过程中的差池？这就需要依靠民主管理，需要依靠全体教职工群策群力、集思广益。建桥的办学理念是"以人为本"，进一步说就是"教育以学生为本，办学以教师为本"，我们的办学、我们的管理，离不开全体教职员工的支持和参与。今天的会议，校长代表班子作行政报告，学校各项工作开展得好不好，代表们评判；分管副校长作财务预决算报告，学校经费使用是否合理，代表们评判；分管副校长解读工资改革方案，工资改革方案是否科学，代表们评判。除了行政报告，我相信，敢把财务预决算、工资改革这些敏感的议题放到教代会上来讨论，至少在民办高校里是少有的。学校通过这样一种方式，保障教职工对重大决策的知情权、参与权和表达权，就是民主管理的生动体现。相信经过代表们的充分讨论和意见表达，不论是从决策层面还是到执行层面，我们都可以避免一些不必要的差池。

第二，"两代会"代表应比普通教职工更具责任心。

---

* 本文为2011年9月22日在第二届教代会暨第三届工代会一次会议上的讲话。

各位代表,今天借助教代会、工代会这个平台参政议政,为学校改革发展建言献策,要清醒地认识到,你们不仅仅"代表"着自己,还"代表"着全校500余名教职员工。你们每个人的身上,都背负着不小的责任。这使我联想到自己的上海市人大代表身份。每年上海市"两会"召开前,我总会感觉到一点压力,总会绞尽脑汁地考虑今年该提交什么议案,因为自当选以来我就有个观念,"人大代表"不仅是一种身份的象征,更是一种责任的体现,能力越大,责任也越大。如果提交的议案质量高,能引起有关部门的重视,促进一些群众关心问题的解决,我就会由衷地感受到喜悦之情。这种心情,我相信各位代表在这次"两代会"结束之后会有所体验。这届班子组建以来,我就多次强调,要始终把学生和基层教师的诉求和利益摆在第一位,我相信行政班子的气度还是足够的,他们是能"纳谏如流"、"择其善者而从之"的。在此,我希望代表们能大胆地发表意见和建议,不管是行政报告,还是财务预决算、工资改革方案,甚至是学校其他方面的工作,你们都可以畅所欲言,大胆地把自己的、还有其他教职工的想法说出来。一个人的智慧毕竟有限,群众的智慧才是无穷的。只有你们畅所欲言了,学校才能真正做到广集众智,才能众志成城、团结一致地把学校各项工作开展好。

最后,我预祝此次会议取得圆满成功。谢谢大家!

拒绝"混"文化*

各位老师：

大家下午好！

最近，我从各种渠道了解到，大家近段时间处于比较紧张的精神状态：9月底之前，因为要迎接本科合格评估，很多老师"白加黑、五加二"准备迎评工作，可以说身心俱疲。评估结束后，部分老师对是否能通过评估心里可能没底，因为9位专家尤其是专家组组长在反馈会上对学校的意见或者说是批评相当尖锐，听了难免心中忐忑。很多老师还很关心迁校的交通问题、教学安排、住房政策、教师待遇等，尤其是听到临港部分高校已启动"双限房"申购工作，而我们似乎在各方面都还未有所动作，心里更是着急，担心赶不上"双限房"的班车。

我对以上老师们关心关切的情况做个回应。

关于本科评估

对这次本科评估，全校上下从认识上不可谓不重视，从准备上不可谓不充分，从态度上不可谓不投入，但最后专家组反馈的意见和建议，与我们心中的期望有着巨大的鸿沟——老实说，包括我在内，不是没有想到过专家组会检查出很多问题，而这也是我们一度期望的，期望通过专家的问诊把脉，进一步找准学校的问题，并从专家那里获得良方——但最后专家反馈会给我的感觉是，好像被赤裸裸地打了一记耳光，完全被打懵了。

后来，校办把专家的讲话录音全部整理了出来，我又仔仔细细看了几遍，心中才稍安：按照专家组吴平组长的讲话，我们"三个基本"达到了，从这点上说，通过合格评估是没问题的——专家对我们的批评，更多的是因为我们的工作还未达到专家的期望，他们认为我们应该还可以做得更好，还可以展现出更多亮点，还可以展示出更加昂扬的精神面貌，还可以体现出上海的精细化管理特征，但在这些方面我们没有达到专家们的期望。

从目前掌握的信息来看，这次通过评估应该是没问题的。专家进校前，我

---

* 本文为2013年11月7日在第二届教代会暨第三届工代会第三次会议上的讲话。

和校领导班子通气,说只要正式通过的反馈意见下来,就要给大家发一笔奖金,这是辛苦费,感谢大家这一年多来的辛苦工作。同时,我还要强调一句,评估结束不代表着我们工作的结束,接下来如何针对专家提出的意见和建议逐一整改,真正利用这次评估的契机把我们的工作做得更好,是摆在大家面前的一项新任务、新挑战。

关于迁校政策

　　在这么多问题中,大家最关心的还是迁校问题。今年7月4日,我召开了教师代表和辅导员代表两场座谈会,在会上明确要求由副董事长黄清云和我的助理王邦永分别围绕人事政策、住房政策开展调研。据我了解,黄校长已经召开了数次座谈会进行摸底,相信在座的部分老师已经受邀参加过座谈;邦永也到各兄弟院校了解了他们的住房政策,关于住房补助基金的方案也已经形成了初稿;其他方面如交通、教学安排等,后勤、教务等部门也分别着手开始调研了。下面,我谈谈几点初步想法。

　　首先是教学安排问题。因为教务部门前段时间主要忙于本科评估工作,所以对迁校后的教学安排问题还未深入广泛地开展调研并形成方案,但已经有几点初步的想法。比如,适当延迟早上第一节课的时间,晚自习期间也适当排课以减少白天课时数,进一步发挥网络课程中心的作用,将兼职教师的课程集中在某个时间段以避免多次往返市区,等等。更具体、更细化、更成熟的方案,教务部门已着手启动调研。

　　接着是交通出行问题。后勤部门关于教职工上下班的班车问题,已经有了几个方案,如以地铁为主、班车接驳,或仍旧以班车为主、地铁为辅,哪个方案更科学、更合理,现在还说不上,需要进一步论证。我觉得最后的方案应该是既经济又方便绝大部分教职工出行的。据我所知,通往临港新城的16号线年底就要开通,从龙阳路到临港也就三四十分钟的时间,如果在教学安排上做到尽量让住校的老师上前面两节课,让市区赶过来的老师上三四节之后的课,我想大家上班其实不用很赶。

　　然后是教师待遇问题。关心学校新闻的人应该了解,我已经在多个场合提出"翻一番"的概念,即:2018年教师的人均收入要争取在2010年的基础上翻一番,比中央提出的目标早两年实现——中央提出,2020年城乡居民收入要比2010年翻一番。也就是说,接下来几年学校的增资幅度会超过往年。有的老师还说,海洋、海事、电机等高校还有交通补贴、远郊补贴,这里我表个态——尽管公办、民办享受的待遇实质上是不平等的,但在这两项补贴上,董事会一定会全力支持,让大家也能享受到上述几所高校的交通补贴、远郊补贴,政府不给钱董事会给。

最后重点谈谈住房政策问题。大家最关心的还是"双限房"申购问题,在这里我稍微解释一下。目前,教职工申购"双限房"碰到的第一个问题是要解决学校注册地变更的问题,这个问题看似简单,其实里面有很多政策瓶颈,税务部门和教育部门相互"打架",学校正在积极协调,相信这个问题总是会得到解决的,大家不要着急。

当然,还有这么一批教师根本就不想在临港购房,但由于工作需要,可能工作日要住在临港。对这种情况,我们早在新校区的设计阶段就考虑到了。根据设计方案,在新校区中我们将建设 20 000 平方米的教师公寓,大约有 200 套,完全可以解决一部分打算长期住在临港的教师需求,拖家带口都行;另外,我们还有招待所,大概也有近 200 套房源,满足一些教师每周住两三晚的需求是没有任何问题的。

我再谈谈住房补助基金的事情。住房补助基金的方案已经有了初稿,接下来这个方案经过校长办公会论证完善后,会逐步征求中层干部的意见,也会逐步征求基层教职员工的意见,在广泛征求意见的基础上进一步修改后,再提交到明年的教代会讨论。新校区预计在 2015 年 8 月投入使用,应该说留给我们制定政策的时间还是足够的。上面谈的几个问题都是涉及老师们切身利益的,欢迎大家对迁校政策提出意见和建议,让我们的工作能做得更好、更细,真正把迁校办成一件促进发展、全校共赢的大事。

警惕"混"文化

最后我还要讲个小插曲,并谈点个人的感想。

前阵子,我碰到一位已经在建桥工作比较长时间的老师,随口问他:"最近怎么样啊?"他可能也没意识到,随口就回答:"混呗!"作为董事长,我平时不大介入学校的具体工作,但听到这个"混"字,联系到我从座谈会上了解到的信息,以及本科评估专家反映的问题,我很是担忧:在一些老师的潜意识里,"混"已经心安理得地成为一种工作态度甚至工作方式:有的工作人员,脸难看,事难办,对师生办事推诿塞责;有的任课教师,备课不认真,上课不经心,考卷出差错……总体感觉,这几年教职员工的精神有所懈怠,工作有所放松,大家变得更计较了,建桥过去艰苦创业的一些优良传统逐渐看不到了,"混"的工作态度逐渐从个别人蔓延到一小撮人、再蔓延到一部分人,有渐成"混文化"的趋势。尽管混日子的人还不占多数,但其危害性是很大的,因为他们会伤害那批真正全心全意付出的教职工。

是什么原因导致混日子的老师越来越多？我觉得既有领导的责任——我们的领导对基层员工不再严于要求，大家都做好人，甚至放任自流；也有体制的责任——我们的体制没有真正发挥奖勤罚懒的作用，没有真正形成一种实干型教师脱颖而出的机制。校长曾在同里务虚会议上要求中层干部争做敢担当、敢负责、敢碰硬、敢闯、敢干的"五敢"干部，我觉得这"五敢"同样适用于我们广大教职工：如果我们每一位教职员工都敢担当、敢负责、敢碰硬、敢闯、敢干，建桥的事还怕做不好吗？

当然，我们有的老师也要深刻反思，自己是不是在混日子。当那些差不多同时进校的教师已经拿过几次先进，当那些差不多年龄的教师已经评上副教授甚至教授，当那些毕业院校没有自己好的教师已经走上领导岗位，有没有对照过差距、分析过原因？我对学校领导班子说，今后不论是教师待遇还是住房补贴，不能以公平为导向，因为绝对的公平反而是不公平的——要真正拉开差距，要真正使政策起到能者多劳、多劳多得、鼓励上进的导向作用。不用心，永远只有羡慕别人的份儿！

我也要对那些深受"混文化"其害、内心煎熬的教职工说句：坚持住！吃点亏没什么，肯用心、多付出的人，总有脱颖而出的机会。重复我在今年毕业典礼上说的一句话：只要坚持住，现实就会因为你们的存在改变一点点，明天就会因为你们的存在变得好一点点。

老师们，建桥不仅仅属于周星增，也不仅仅属于建桥集团，她还属于全体建桥人。周星增总有不当董事长的一天，我们这批举办者也总有把班交下去的一天，建桥的事业，终归要靠一代又一代的建桥人去拼搏、去奋斗。对一所有理想、有抱负的大学来说，建桥所走过的13年路程还很短暂，未来建桥究竟能不能建成一所百年名校，有赖你们共同努力。大家都努力，建桥才能办得好；建桥办得好，大家才能都获益。

谢谢大家！

民营 民生 民主[*]

各位代表、各位嘉宾：

大家好！

上海建桥学院是一所民办高校，要把民办高校办好，最主要就是在"民"字上下功夫。我曾经也讲过，这个"民"字有三层含义。

"民"字的第一层含义，是用好民营的机制。这也是党和政府对我们民办高校的寄托，很多领导都提出，民办高校首先要建立现代大学制度，首先要在机制体制方面进行创新，我们作为一所民办高校，承担着这样的重要任务。那么，民营的机制到底是什么？当然有很多的说法，我自己觉得，作为民营的机制最核心的有两点：一是适应市场，二是注重效率。建桥从刚办学的时候就提出要培养社会所需要的人才，这么多年一直坚持这么做，所以在专业设置、课程设置方面紧紧贴近市场，培养的学生也很受用人单位欢迎，现在建桥那么高的就业率，告诉我们这一点我们不仅做到了，而且做得很好。建桥今后要把学生的就业率作为核心竞争力来抓，这也是完全对的，充分说明我们这几年的办学成果被社会所接受，我们同样也为社会做出了很大的贡献，这就是民办大学的核心所在，不是因人设专业、因人设课程，我们完全是按照市场的需求，这是民营机制的一个核心。第二个核心就是注重效率。因为民办高校资源很缺乏，从财力、物力、人力以及政策关系各方面都很缺乏，所以我们一定要让这些现有资源发挥最大作用。比如，上海的公办院校培养一个本科大学生，成本大约是四万元，有时四万还不止，这还不包括固定资产的投入、科研的投入等，我们培养一个学生的经费就是一万多一点。公办用四万元去做事，我们只有一万多元做事，我们甚至要培养出比他们更优秀的学生来，所以不讲效率是不行的。讲效率就要把现有资源用好，比如，在选拔干部的方式上要能上能下，这是民营机制的重要特色，不是谁占着一个位置就不下来了，那能人也就上不去了。用人机制上也一样，要能进能出。真不适合当领导的、不适合当教师或辅导员的，也应该能够出去，好的特殊人才应该能够进来，这就是民营机制。同样，在薪酬制度方面，肯定要体现多劳多得、优质优价，不能搞平均主义。一定要体现这些原则，才能让我们

---

[*] 本文为2015年1月19日在第二届教代会暨第三届工代会第四次会议闭幕式上的讲话。

把效率发挥到极致,让我们用有限的资源去完成公办院校难以想象的培养学生任务。我们每个人都要定位自己,因为我们都是民办高校的一位教师、辅导员、管理人员和领导,所以我们应该和公办院校的教职工有所不同。我理解的民营的机制主要就是市场和效率。每次教代会都会为建桥在更好地发挥民营机制方面收集到很多好点子,教代会是一个很有效的平台。

"民"字的第二层含义,就是民生和民众。建桥的发展靠的是大家,当然校长特别重要,董事长也重要,骨干教师重要,但是推动整个建桥发展的就是广大的教职员工,所以学校一些政策的制定、方案的出台,一定要考虑大多数人的利益。在教代会上大家提的一些意见就反映了最基层民众的呼声,教代会在关心民生生活方面、待遇方面,每次都能收到很多意见,我和校长也特别重视大家在这方面的呼声。我们在讲效率的同时,要兼顾公平。单纯追求效率那就变成一个纯粹的民营企业,作为民办高校来讲,它和一般的民营企业又有所区别,讲效率兼顾公平,所以我们为什么会这么注重教代会。很多民生的问题、民众的问题、最基层老百姓的问题,都会在这个会上有所反映。如果学校一项政策推出得不到大家的拥护,那么再好的政策也会起到反作用。

"民"字的第三层含义,就是民主。我们现在都在讲科学发展观,要科学决策、科学发展,没有民主,科学是很难保证的。建桥这么多年的发展,都是问计于民、听计于民,推出一项政策之前都会广泛听取大家的意见,包括我自己都会在每年教代会上听到大家的真知灼见。确实建桥的发展靠的是大家的智慧,光有校长、董事长是不够的,就是要集中大家的智慧。教代会就是大家参政议政、关心建桥发展的重要舞台。

作为董事长,我每年参加学校的活动和会议屈指可数,但教代会我是每年必定参加的,因为教代会是教职工民主参政的最重要平台。参加教代会,可以听到老师们很多真正的想法,有助于我们集思广益,把学校办得更好。由于种种原因,开幕式我没有参加,遗憾地少了一个和大家交流的机会,但没想到,这个遗憾也带来了意料之外的好处,那就是我有机会从各种层面了解到更多信息和意见。今天是闭幕式,我长话短说,讲两个"不动摇"。

第一个不动摇,就是坚持董事会提出的收入目标不动摇。去年教代会的时候,我在会上曾经提出:"2018年教师的人均收入要争取在2010年的基础上翻一番,比中央提出的目标早两年实现——中央提出,2020年城乡居民收入要比2010年翻一番。"我知道,最近老师们对工资收入的事情议论得比较多,我在听取教代会小组长反馈意见时,大家最聚焦的也是工资收入问题。我通过多种渠道去查证发现,其实本学年的人事预算增加了不少,教职工的总体收入也会增加不少,只是今年的做法还有一些考虑不周全的地方。我想请大家放心,"翻一番"的目标不会变。下学年将会推出新的工资方案,我觉得方向是对的,兼顾了绩效和公平、激励和普惠,但我要求新方案尽快与大家见面,并要广泛征求意见,提交教代会审议;三是董事会和学校努力在经费上予以保证,最近传来一个积极的消息,上海很有可能会放开民办高校的收费,一旦这个政策落地,我们的学费收入将进一步增加。大家可能不知道,新校区建设资金压力很大,尽管严格控制了成本,但资金缺口仍将高达八九亿,还本付息任务很重。收费放开,将极大缓解我们的资金压力,使教师福利待遇改善更有保障。

第二个不动摇,就是坚持董事会提出的发展目标不动摇。2012年6月,中央新闻采访团来学校现场采访的时候,我代表董事会提出学校未来发展的三大目标:一是招研究生,培养专业学位硕士研究生,争取办学层次再上一个台阶;二是招留学生,同时让更多学生出国深造,争取国际化办学有新突破、新发展;三是实现上海建桥学院向上海建桥大学的华丽转身。为什么要提出这三个目标?因为结合当前教育国情,尤其是民办高等教育的发展现状,申硕、国际化、升格大学是一所民办高校办学水平、办学实力的最有力证明。前两年建桥在民办大学排行榜的表现从前十名跌到二三十名以外,其中一个重要原因是五所取得硕士点的民办高校占据了第一梯队;今年建桥的排名有所回升,其中一个重要原因就是国际化走在大多数民办高校的前列。可见申硕和国际化的重要性,而升格大学更是能带动全校软硬件水平的全面提升。我认为,只要董事会提出的三大目标实现了,建桥就会成为一所国内一流的民办大学。办学以来,我们一直坚持发展成果由全体师生员工共享的办学原则,只有学校发展得更好,老师们才能获得更大的收益。学校最近启动了《卓越建桥计划》,里面提到建设一所国际化、应用型、高水平的优秀民办应用技术型大学,我觉得这两个目标的提法并不矛盾,都是为了最大限度地提升学校的办学水平。今年,学校要启动"十三五"规划的编制工作,希望通过规划的编制,将董事会提出的三大目标和《卓越建桥计划》提出的目标更加有机融合起来,使学校的发展远景更加清晰。

同志们,优质才能优价。只有靠大家共同努力,提升学校的办学质量,办出特色,办出效益,才能在学费提高的情况下不至于影响招生、不至于影响总收入。在座的大多是建桥的中坚力量,希望你们在学校进入重大转折期的关键时候,发挥稳定性作用,带动身边同事扎根临港、投身转型,为学校改革发展多出主意、多做实事,为建成一所国内一流的民办大学而共同奋斗。

同志们,优劳才能优酬。从今年开始,学校面临的挑战越来越多,任务越来越重,我深切体会到大家的辛苦。记得去年教代会上我还说过,建桥这个大家庭里还有"混"文化存在,还有混日子的人,今天我敢说,这样的文化、这样的人依然存在。我们的收入分配体系,应该是向肯付出的员工尤其是干得好的员工倾斜的。希望老师们鼓起更大的干劲,下半年开始我们一起决战临港。

最后我也代表董事会给大家拜个早年,谢谢你们,谢谢你们的家人,谢谢大家的努力。

共生　共荣　共进*

各位代表：

首先，请允许我代表董事会对第二届教代会暨第三届工代会第五次会议的召开表示热烈的祝贺。每年的教代会都是学校民主管理的一大盛事，尽管年底很忙，但教代会的时间我早早就排好了。

教代会是学校内部法人治理结构的重要一环，也是学校现代大学制度建设的重要内容。教代会自成立以来，着力实现好、维护好、发展好教职工的切身利益，切实为教职工办实事、做好事、解难事，为和谐校园建设做出了积极贡献。借今天这个机会，我想结合自己三届人大代表的经历谈谈对学校教代会的认识和期望。

◎ 在教代会暨工代会上发言

---

* 本文为2016年1月13日在第二届教代会暨第三届工代会第五次会议上的讲话。

首先,教代会代表要率先弘扬正能量。过去,教代会在维护保障教职工权益、反映教职工基本诉求方面做得比较多,也做得比较好。但不得不提的是,建桥始终有个别教职工只注重利益得失,成天计较课时量的增减、工资的增幅。我希望教代会代表要率先弘扬正能量,充分发挥模范表率作用,把更多精力放在学校改革发展各项工作中。教代会要积极树立先进典型,用先进人物的先进事迹教育和激励教职工。

其次,教代会代表要提高自身履职能力。这几年我会抽空翻一翻教代会代表的提案,也参加过提案处理反馈会。不可否认,代表们的履职能力还需进一步提高。这主要表现在两个方面:一是每年能征集到的提案数量还不是很多,二是征集到的提案质量也不是很高。例如,有的提案只是反映个别教职员工的个别诉求,没有真正深入教师中间去挖掘共性的诉求,这就使得代表变成了自己的代表,而不是广大教师的代表;有的提案问题讲得多,但办法提得少,我觉得教代会的提案不能仅仅是提出问题,还应该有可操作的解决方案,这才是教代会的智慧所在。还有就是在教代会闭会期间,代表们容易忘记自己的代表身份,如果把教代会只是理解为一天或半天的会议,教代会的作用是发挥不好的。

最后,教代会要关心教职工的成长和发展。我认为,教代会应该有三个层次的使命:第一层次,就是要代表好、维护好教职工的合法权益;第二层次,就是关心好、组织好教职工的物质和精神文化生活;第三层次,就是关心每一位教师在学校的成长和发展。过去几年来,教代会在前面两个层次的作用发挥得还不错,但第三层次做得还不够好,希望今后有所改善。

最后,希望教代会更好地发挥平台作用,使建桥的成长发展和教职工个人的成长发展更加紧密地结合起来,实现"共生,共荣,共进"。

谢谢大家!

第六章

交流分享

◉ 交流分享

只要努力,脚总比路长*

各位领导、各位来宾,老师们,同学们:

大家好!

首先,我谨代表上海建桥学院董事会、代表上海建桥学院全体师生员工,对各位领导、各位嘉宾、各位校友在百忙之中莅临上海建桥学院参加十周年校庆活动,表示热烈的欢迎与衷心的感谢!

十年前的今天,上海建桥学院诞生了。她是和平盛世的幸运儿,她是改革开放的新事物,她是教育多元化的新标志。

从1999年10月21日打下第一根桩基,到2000年9月首期校舍建成投入使用,建桥人只用了不到一年的时间;从2000年4月获得办学资格,到2001年4月列入国家计划内招生,建桥人只用了一年的时间。从2000年9月迎来第一批新生,到2010年7月第一届本科生顺利毕业离校,所有建桥人夜以继日、风雨兼程,已经走过十年的光辉岁月。

十年来,在上级领导和社会各界友好人士的亲切关怀与大力支持下,上海建桥学院董事会和校党政领导班子带领全体师生员工,始终秉承公益理念,紧紧围绕教书育人的目标,艰苦创业、励精图治、改革创新、锐意进取,在教学、科研、社会服务等各个方面都取得了较好的成绩。如今,上海建桥学院已发展成为一所具有万人规模、近千名专兼职教师、开设40多个专业、在国内具有一定影响的民办本科院校,十年来共为国家培养和输送了16 600多名高等应用型人才,为上海区域经济社会发展做出了应有的贡献!

今天,我们向社会交出的这一份成绩单,也许还谈不上辉煌,更不值得我们骄傲,却来之不易,也十分珍贵!这份成绩单凝聚着无数人的智慧与心血,熔铸了各方面的真情和关爱。今天,在上海建桥学院建校十周年之际,我最想说的只有两个字——"感谢"。

感谢党和政府,为我们提供了千载难逢的时代机遇,提供了和平稳定的发展环境与政策保障,给予民办教育无限空间与广阔前景。

感谢浦东康桥当地人民、感谢本市兄弟院校与社会各界朋友的包容与厚

---

* 本文为2010年9月18日在建校十周年庆典大会上的致辞。

◉ 新生军训

◉ 军训阅兵

爱,你们把办好上海建桥学院当成是自家的事,像亲人一样关心爱护建桥教育事业,为我们排忧解难、不图回报。

感谢广大建桥学生,你们自信、自强、积极进取、发奋图强,以自己出色的学业成绩、工作能力与敬业奉献的综合素质,向社会证明:我们民办大学生同样是社会主义事业合格的建设者与可靠的接班人。

感谢建桥的全体教职员工、历届校友和你们的家属亲友,因为你们信任建桥、选择建桥、爱护建桥、建设建桥,十年相伴,不离不弃,这是建桥发展的强大动力。

感谢建桥集团的出资者,没有你们十年来的持续投入与付出,就没有上海建桥学院如此生机勃勃的美丽校园,就没有一流的设施设备和良好的保障体系。

我们知道,还有众多社会各界人士一直默默地关心支持建桥事业的发展,今天因为各种原因,未能出席建桥校庆典礼,在此,我也向他们表示衷心的感谢!

饱含感激之情,常怀感恩之心。十年征程,一路走来,我们始终以积极乐观的心态面对各种困难与挑战,扎根上海、融入上海、依靠上海,解决了一个又一个发展难题,迎来了一个又一个办学成果!

十年树木,百年树人。十年光阴,在一所大学的发展史上,只是短暂的瞬间,因为教育是一项功在当代、利在千秋的事业,需要几代人乃至几十代人长期不懈地努力和耕耘。今天,在回眸往昔峥嵘岁月的时候,我们豪情满怀、无比激动;在展望未来锦绣前程时,倍感责任重大、时不我待!

站在新的历史起点上,我们对未来十年的规划是,将上海建桥学院办成一所面向国际、能够招收外国留学生、招收硕士研究生的应用型大学。我们知道,实现这样一个目标,要走的路还很长,面临的困难和挑战也一定不少。但我坚信,有党和政府的正确引领,有社会各界朋友的理解关怀,凭借全体建桥人同心同德、顽强拼搏、持之以恒,我们的愿景就一定能够实现。我始终相信,只要努力,脚总比路长!

追忆李国豪院士*

最近我在人大开会,看到上海建桥学院临港新校区建设已列入上海市浦东新区政府工作报告,当时很激动。因为我离创办建桥大学的理想又近了一步,这不仅是我的心愿,也是许多关心、支持建桥发展的著名人士的期待。此时此刻,我不禁想起了建桥第一任名誉院长李国豪院士……

12年前我刚到浦东创业,认识的人不多,想找一位德高望重的"大人物"担任名誉院长。民盟一位同志帮我出主意:"找李老吧?"我心想自己与李老素不相识,他肯接纳我这个默默无名的外来青年吗?经朋友联系,我与助理高克明老师抱着试试看的念头,登门拜访。

那天开门的是李老的夫人,她热情地迎我们进屋。李老穿着一件深色呢大衣,笑眯眯地站起来打招呼。他脾气特别好,说话随和,非常热情,没有一丝架子,就像自家的长辈。听说我烟瘾大,李老说:"在我家不算公共场所,你只管抽。会抽烟的人不抽烟很难受的。"李夫人端来茶水,削了苹果给我们吃,时不时像小鸟依人一样陪在他身旁。在这样一种温馨融洽的氛围里,我介绍了自己的经历和建桥办学的设想,李老专注地听着,指点了一些特别要注意的地方……不知不觉,谈话早已超过了预约时间。不便打扰老人太久,我起身告辞时,说出了邀请李老担任名誉院长的想法。李老一口答应了,"下次我到基建现场看看"。

一周后,李老携夫人来到工地,我和黄清云、高克明、郑祥展等人接待了他们。李老对建桥办学规模蛮惊讶的,沿工地走了一大圈,边走边提了很多问题,他说,"不能按照以前的大学搞建设,可以稍超前一些;学生公寓八个人一间不一定适合将来的需要,要人性化,为学生身心健康发展想得多一些……"我们听了很受鼓舞,一是觉得自己规划的方向符合李老思路,二是李老思想解放、思路清晰,对国内外宏观形势很熟悉、对社会发展很了解。言语间,能真切感受到他对教育事业的热爱!临别时,我递上一份酬金,李老谢绝了,他说:"当这个名誉院长,我不是为了拿钱,是为了支持教育;国外很多名校都是民办、私立大学,我们也可以办出很好的民办大学……"

---

* 本文收入《学之师表,国之英豪——纪念李国豪院士诞辰100周年文集》,发表于2013年。

2000年11月,学院打算出版《建桥报》。报头请谁题字？大家又想到了李老。李老欣然答应了,很快书写了"建桥报"三字,为了版面设计方便,还横竖各写了两张……这种认真负责的态度至今仍激励着编辑部师生办好每一期报纸。

此后,我和黄清云院长每年一般有两次登门拜访,向李老汇报工作。每当听到学校有了新进步,李老总是非常高兴,他鼓励建桥大胆创新,积极探索,办出特色,在师资队伍建设、学校发展规划、办学定位等方面提出了很多建设性意见。李老平时社会活动很多,但只要建桥这边邀请,他总是挤出时间参加,与师生们亲切交流。

我印象特别深的一次是2003年8月28日,李老冒着高温来建桥参加2003级新生开学典礼,做了一场报告。那次我陪同在座。李老讲话很实在,没有一句空话套话,他结合自身经历,谈了三层意思。

……希望同学们思想好,学习好,身体好。一个人的成败和他思想品德的好坏是有很大关系的。做一个高尚的人,做一个对国家有贡献的人,树立这样的志向,对同学们的健康成长十分重要。学习好,很重要的一点是要专心、钻研,要刻苦,再研究一点学习方法。身体好很重要,我是深有体会的。我当学生时就很喜欢运动,乒乓球、网球、游泳,我都喜欢,我还是同济大学网球队的队员呢！好身体使我终身受益。

希望同学们树立信心,胸怀大志。年轻人有没有信心,有没有志向,这很关键。我16岁时从广东到上海报考同济,录取名单公布时,从上往下数,第一名,不是李国豪,第二名,还不是李国豪……倒数第二名才是我。当时我年纪小,没包袱,对自己充满信心。你们不要因为没有考上名牌大学,到建桥学习就不高兴。建桥比我们当年的同济条件好多了。建桥的校舍、设施都很现代化,又有一批好教师,还有专升本的机会,同学们对自己要有信心。

希望同学们把自己的前途和祖国的命运紧密相联,投身民族复兴的伟大事业,为国家多做贡献。我已经91岁了,像你们这样的年龄,我所处的年代是一个很不幸的年代。我1938年去了德国,1946年回到上海,历经磨难,深深体会到什么叫"国耻"。回国后,我在上海工部局做工程师,工资不能维持正常生活,要去当铺当掉很多东西,加上国民党政府腐败,做不成一点事,真是空有满腔报国情。1949年中华人民共和国成立后又经历了1966年至1976年的"文化大革命",我被关进隔离室,扫地劳动……这个时候,纵使你有再大本事,也不能为国家贡献什么。直到1979年改革开放,我国经济飞速发展,我才有机会参与包括南浦、杨浦在内的许多重要桥梁的方案制定。我是上一世纪的人了，因此特别能体会到，个人的工作、事业和国家大环境的关系非常密切。我很羡慕你们，我要祝贺你们，因为你们现在所处的时代、环境真是太好了。你们现在才十八九岁，全面建设小康社会，实现中华民族伟大复兴事业，正是你们发挥才能的时候，要十分珍惜！如果你们中有些人到最后还不能有所作为，只能怪自己不努力了。我的这些话，你们越是到后来，越是有体会……

台下，建桥师生掌声如雷。

2004年11月我在外出差，听说李老住院，就让黄清云校长、金旦生助理到华东医院探望。听他们回来说，那天下午走进病房时，李老精神矍铄，端坐在沙发上，朝他们微笑着。李夫人说："李老今天知道建桥有人来，精神特别好，早就换下了病号服，等着你们呢！"像前几次一样，黄校长向李老汇报近况，提到学院正从规模扩张转向内涵建设，正在创建上海市文明单位。李老一边听，一边不住地点头，连连称好。告别时，李老说："等我身体好一些，我去建桥看看大家。"当时，谁也不曾想到，这一别竟成永诀！

2005年2月23日17时37分，李老在华东医院逝世。天亦有情，当晚早春天空淅淅沥沥地下起雨来……一年后，我们铸造了李老铜像，至今一直安放在校史馆内，接受广大师生与参观者的瞻仰。

大师远去，但他在建桥留下的音容笑貌、谆谆教诲，久久地留在建桥师生的心中。

孝是感恩之本*

思政部给了我两大摞厚厚的材料,全部是建桥学子写给父母亲的信,说是准备汇编成册。信有长有短,但无一例外地表达了对父母养育之恩的浓浓感激之情,我看了很是欣慰,说明建桥的德育工作取得了很好的效果。

建桥的校训是"感恩,回报,爱心,责任",其中感恩摆在首位。我一直认为,懂得感恩是构建和谐校园乃至和谐社会不可或缺的关键要素,合格的建桥学子,在三四年的大学生涯中,应学会感恩。感恩的对象有很多,可以是父母,可以是良师,可以是社会,可以是国家,等等,但我认为,首要的是对父母的感恩,因为孝是感恩之本。

中国有句古话,"百善孝为先"。对"孝"而言,孝心是摆在第一位的,其次才是孝行,有孝心才能衍生出孝行。建桥的大学生大部分时间都是在校园里度过的,可能周末才能抽空回去陪陪父母,有不少同学周末还不一定是在家里陪着父母度过的;大部分外地学生可能一年只有少数几次机会能和父母碰面。在这种情况下要论孝行,似乎有点困难,因为我们没有办法在父母身边端茶递水、嘘寒问暖,但是不是这样就意味着不孝呢?我觉得不是。游子远离故土,但仍心系父母,这种孝心同样弥足珍贵。

细读同学们写给父母的信,字里行间均透露出对父母的牵挂,尽管一些同学可能不善于表达内心中的这份孝心,词句上仍有一些生涩之感,但那种感恩父母的拳拳之意,还是跃然于纸上。

我希望,全体建桥学子都能抽空给父母写封信,甚至常常写信。三五句也好,千百字也罢,相信父母在读到这些信的时候,会觉得孩子真正长大了。如果觉得写信麻烦,那就时不时地发条短信、打个电话,这样的嘘寒问暖也足见情意。

感恩,从孝开始。

---

* 本文为《感恩教育书信集》的序言,发表于2011年8月。

我的围棋情缘*

有人说我为围棋付出许多,我却觉得围棋给予我的更多。如果有谁问我一生最庆幸的是什么事情,我会毫不犹豫地回答——与围棋结缘。

我第一次认识围棋是在30年前一个细雨蒙蒙的周日,当时我刚大学毕业,在贵州工学院任教。早晨醒来,我随手打开收音机,正连播着著名围棋国手陈祖德的自传体小说《超越自我》。我平时不怎么听新闻之外的节目,这次却被连播的内容深深吸引,以至于节目结束我还意犹未尽,心头涌起想一下子了解这本书的冲动。于是我连早餐都没顾得上吃,立即骑车冒雨到新华书店买了一本《超越自我》。我回到宿舍,啃着馒头从上午看到下午,又从晚上看到深夜,一口气把《超越自我》从头读到了尾。合上书本,我思绪万千,激动不已,久久未能入眠,内心萌发了要学围棋的强烈愿望。

第二天中午,我到隔壁教研室找到一位会下围棋的同事,直截了当地表明我想跟他学围棋,他爽快地答应了。

摆开棋盘后,他只教了我五分钟,就提出让我九子对弈一盘,我充满新奇地开始与他下人生的第一局围棋,结果可想而知,他杀得我"尸横遍野",而我连他的一颗子也没吃到。棋局结束后,这位同事满足地哈哈大笑,这让一直憋着气的我大受刺激,天生的好胜心也让我暗下决心,一定要超越这位启蒙老师。

当天下班后,我又去新华书店买了本围棋入门书。我开始晚上看书,白天和同事"操练"。几天之后,这位同事还让九子,而我第一次赢了他,只记得当时我心里充盈着强烈的成就感,比加了工资还高兴。

接下来的日子,我的围棋天天在进步,同事的让子逐渐减少。到了我学棋的第29天,我主动向同事提出:"明天我学棋正好满一个月,不如我们分先下下吧。"同事自恃棋力还在我之上,主动提议:"我们分先三番棋,谁输谁请两个教研室的同事每人吃一根棒冰。"我说:"好。"

消息传开,当天中午观者众多,可能同事心态有异吧,结果被我直落两局取胜,我的启蒙老师输了棋满脸通红。其实我早已委托另一位同事将棒冰买好,

---

* 本文为《棋韵——"建桥杯"十年记》的序言,发表于2013年。

并事先附上一条:"师徒练兵,无关输赢,棒冰一根,酬谢师恩。"当时博得满堂皆喜,一片掌声。

以后的日子,我开始寻找学校里所有的围棋对手,遇到比我强的,我就缠住他下棋,直到被我超越为止。就这样两三年之后,我自以为此时在学院里已经无敌了。

1985年第一届中日围棋擂台赛开始,那真是一场围棋爱好者的盛宴,每局棋的胜负都成为大家聊天的热门话题。特别是中国棋手江铸久五连胜,日本小林光一六连胜,聂卫平力挽狂澜三连胜夺取最后胜利,让中国围棋爱好者们经历了一场过山车式的跌宕起伏。当最后胜利的消息传来,围棋爱好者一片欢腾,自豪振奋之情就好像我们打赢一场战争,真是解气到了极点。

因为对聂卫平有着近乎民族英雄般的崇敬,那时我竟有像聂卫平那样为国争光、当职业棋手的念头。在得知我的家乡温州乐清出了个全国少年围棋冠军杨士海后,我在暑假期间特地回家乡找他,盘算着如果下一局棋我能够胜他,就准备去改行在职业棋手方向拼搏一下。

结果与少年杨士海的对局令我当职业棋手的梦碎。小我十来岁的杨士海不但把我杀得毫无回手之力,还在局后多处指点我的种种不足,这种差距绝不是几个等级所能形容。最后,在一种"井底之蛙"的自嘲中,我彻底断了当职业棋手的念头,开始快快乐乐地当业余围棋爱好者。

◉ 下棋

随着与围棋结缘的年头越长,我越是感到围棋的博大精深和无穷魅力。我一直认为围棋一定是上天赐给人类的礼物,因为它的棋盘是最原始的横直线条,棋子是最基本的黑白两色,规则是最简单的"气尽提取",下法是最公平的"子效相等"。但就是这样一个看似极简单的游戏,其中却蕴藏了无穷无尽的变化和渗透万物的哲理。让我最不可思议的就是围棋有着五千多年的历史,竟没有一丝奴隶社会或封建社会侵蚀的痕迹。不像中国象棋,每个棋子都有等级,一看便知道是封建王朝的产物,特别是两方将帅,其实能力最弱,对胜利贡献也最小,却最有权威,最受保护,一旦将帅被杀,不管外面还有千军万马,一律通通消亡。这不活脱脱是封建帝皇的生动写照吗?

围棋却保存着最淳朴的平等。围棋子力的强弱优劣,全依你下在某个空间而定,它可以是砥柱,可以是功臣,也可以是鸡肋,可以是罪人,变化万千,无一而定。围棋讲究全局与局部的关联,虚势和实利的转换,舍与得的衡量,大与小的判断,其中的修养和哲理,无一不对你的工作和做人有莫大的帮助和启迪。多年来,围棋带给我莫大的快乐和愉悦。

当我有能力为围棋事业做些事情时,我出资创办了"建桥杯"中国女子围棋公开赛,而且已经连续举办了十届;我接办了"建桥杯"中国围棋新人王赛,现在也已经举办20届了,还有上海浦东的"建桥杯"围棋赛、温州市棋王赛、乐清市围棋名人赛等。在所有的比赛中,我最看重的就是"建桥杯"中国女子围棋公开赛。这不仅是因为这一赛事规格高、人数多,最主要的是因为它是女子比赛。

每个人的第一位老师都是母亲,女子的素质决定了一个家庭、一个民族乃至一个国家的稳定与繁荣。在我心目中,天下最美是女子。正是因为有这样的情结,十年前当我看到中国女子围棋处于低谷时,一大批风华正茂的女棋手在一年里几乎不上一场比赛,我觉得心里很难过。于是借助当时"建新桥"中国围棋新人王赛开幕式的机会,我和中国棋院领导商议创办"建桥杯"中国女子围棋公开赛。

我想,因为我与围棋结缘,才会在有能力之时,有幸为围棋事业做一些微不足道的奉献;因为我爱围棋,所以我才对这种奉献心甘情愿,而且心存感激。

智力运动可以提高智商和情商*

各位同学、各位老师、运动员、裁判员：

大家好！

首先我代表董事会对上海建桥学院第一届智力运动会胜利开幕表示最热烈的祝贺！

今天借这个机会，我给大家介绍一下智运会。世界智运会是人类历史上大规模的国际性智力运动综合赛事。运动会包含桥牌、国际象棋、国际跳棋、围棋、中国象棋等五大智力运动项目。

第一届世界智运会于2008年10月在北京举办。中国代表队以12金的优异成绩位列奖牌榜榜首。第二届世界智运会于2012年8月在法国里尔举办，中国获得五枚金牌。今后，世界智力运动会将每四年举办一次，与奥运会同步进行，也有可能改名为"世界智力奥运会"。

第一届全国智运会于2009年11月在成都举行，上海代表团获九枚金牌，名列第一，我校刘沛获得一枚国际跳棋金牌。第二届全国智运会于2011年11月在武汉举行（此后改为每四年举办一次），上海队以17金的好成绩名列第一，我校刘沛又获得一枚国际跳棋金牌。第三届全国智运会将于2015年在淄博举办。

去年我提出2013年要为建桥学生做四件实事工程：成立拳击队、成立学生电视台、成立交响乐团、举办智运会。在大家的努力下，这四件实事工程都已经落实，所以今天我也代表董事会，对学校方方面面的努力，对老师和同学们的积极参与表示衷心的感谢。

大家知道，我有两大爱好：桥牌与围棋。我儿子的名字就叫乔琪。这几年由我们上海建桥学院赞助的围棋赛事很多，"建桥杯"中国女子围棋公开赛已举办11届，是目前规格最高、持续时间最长的全国性女子围棋赛事。"建桥杯"中国围棋新人王赛已举办20届，是针对专业少年棋手举办的一个全国性赛事，很多围棋大佬都是从"新人王"走向全国、走向世界。就在此时，第十二届"建桥杯"浦东新区围棋锦标赛、第八届"建桥杯"温州棋王赛正在上海和温州两地同

---

* 本文为2013年12月7日在上海建桥学院第一届智力运动会上的致辞。

时进行。本月 21 日,第六届"建桥杯"乐清围棋名人赛也将开赛。上海建桥学院围棋队一直是我国围棋的乙级队,应该说这几年上海建桥学院为围棋的发展做出了一定的贡献,但我仍然觉得围棋给予我的更多。围棋是我的良师益友,教会我很多做人的道理、处事的方法。

在开学典礼上我曾向同学们介绍过,我们这个学校为什么取名"建桥",一是源于我对桥的崇拜,桥是帮助我们走向成功彼岸的重要工具,它的品质就是"忍辱负重,成就他人"。桥是我学习的榜样,是我的偶像,是我的图腾。其次是因为我喜欢桥牌,桥牌的"桥"就是指沟通、了解、连接的意思。人与人需要沟通,需要互相支持、互相帮助,这样才能达到最好的结果。

棋牌项目不仅仅在于培养我们的兴趣和爱好,更有利于提高我们的智商和情商。我希望有更多的同学参与智力运动会项目中,我也预祝上海建桥学院第一届智力运动会取得圆满成功。

促进沟通　增进情谊
相互激励　共同进步*

各位领导,各位来宾,女士们,先生们,朋友们:

大家好!

今天,我们相聚上海建桥学院,参加由上海浙江商会组织的第四届浙商运动会,我谨代表上海建桥集团和上海建桥学院,向出席活动的各位领导嘉宾、向各会员企业运动员表示热烈的欢迎!

作为浙江商会的会员企业,我们非常荣幸能够连续三届承办浙商运动会。此前在建桥举办的两届浙商运动会都取得了圆满成功,有效凝聚了我们在沪浙商企业的人心,向上海各界展示了浙商企业的力量和风采。改革开放以来,上海作为对外开放的窗口,经历了30余年的发展,已经成长为全球瞩目的经济中心。自上海对外开放伊始,我们无数同乡便开始扎根于这片希望的土地,艰苦创业,苦心经营,努力奋斗,与这片土地共同成长。通过不懈的奋斗和努力,我们成功地建立了一批又一批充满活力和生机的企业,并在竞争激烈的上海滩站稳了脚跟。可以说上海的经济发展离不开浙商的贡献,而浙商企业今天的成功也离不开上海各界对我们的支持与帮助。

浙商朋友们,举世瞩目的十八大已经圆满闭幕。我们深知,正是党和政府改革开放的好政策为我们创造了无数致富的机遇,使我们成为国人中率先富起来的一批人。喝水不忘掘井人,我们应该更加振奋精神、收获信心,通过企业的进一步发展服务当地、造福社会,为十八大的胜利闭幕献礼。

浙商朋友们,我们脚下的这条发端于改革开放的经济发展之路还远未结束。浙商历来都是善于寻求机遇、把握机遇的群体,我们应该更有先知先觉的意识:现在我们已经站在新的起跑线上,我们要时刻做好准备,在新的经济发展周期中追逐更为远大的目标,实现心中宏大的理想。

浙商朋友们,我相信,今天在上海建桥学院举办的本次比赛,不仅是一个促进沟通、增进情谊、互动合作、向全上海展现在沪浙商企业形象的重要契机,更是一个通过体育竞技实现相互激励、共同进步、提高企业及员工竞争意识、丰富

---

* 本文为2014年11月18日在第四届浙商运动会开幕式上的致辞。

企业文化的重要平台。我祝愿大家能够在本届赛事中取得好的成绩,并从体育运动和体育精神中获得新的感悟,为各位的人生和我们的企业注入新的活力。

各位运动员、裁判员以及服务赛事的工作人员,我相信,通过你们的积极参与和不懈努力,本届浙商运动会将成为一届精彩难忘的赛事。

祝第四届浙商运动会圆满成功。

谢谢大家!

创建文明单位，不断提升办学软实力*

各位领导、专家：

今天是一个非常重要的日子。经过前期的各项准备，上海建桥学院文明单位创建工作迎来大考，即将接受各位专家的实地检查。我代表学校董事会、领导班子对你们的到来表示热烈的欢迎和衷心的感谢，谢谢你们来检查和指导工作，帮助我们查找不足、不断进步。

建桥很多老师都笑称我是"不管"董事长，我觉得既对也不对。说"对"是因为建桥实行董事会领导下的校长负责制，董事会包括作为董事长的我很少介入学校工作，学校日常行政事务基本上校长说了算，从这个意义上说，我确实很多事不管；说"不对"是因为董事会对学校班子还是有考核指标的，其中最基本的一条指标就是文明单位，涉及基本考核指标的工作，我不仅会管结果，而且会盯过程。

在董事会硬性要求下，学校前面几任领导班子都非常重视文明单位创建工作，建桥也取得了上海市文明单位"五连冠"的优异成绩。在"五连冠"之后，我提出不仅要实现市级"六连冠"，还要争创全国文明单位。校长压力很大，专门和书记商量，在集中展示环节他主动请缨、亲自去汇报建桥的创建工作。这段时间他在泰国、斯里兰卡调研珠宝学院筹建事宜，还一直在关心文明单位的事，经常发消息来问，昨天还给我打了越洋电话，就今天专家组来实地检查交换了意见。

我为什么这么看重文明单位？因为文明单位是检验一所学校物质文明和精神文明建设成果的最有力证明。

从物质文明方面来说，我们要通过文明单位创建，改变社会对民办高校硬件条件劣、校园环境差的看法，民办高校也能有一流的校园建筑、一流的实验室、一流的图书资源、一流的校园环境，为学生创造一流的学习条件。办学15年来，康桥校区的办学条件已经变得越来越好，尤其是我们临港新校区建成以后，将成为上海地区占地面积最大、建筑面积最多、校园环境最优美、教育教学设施最齐备也最现代化的民办高校。新校区光一期投入就超过25亿人民

---

* 本文为2015年1月8日在迎接上海市文明单位实地检查活动上的致辞。

币,目前已进入全面装修阶段,欢迎各位领导专家有机会去新校区看看。

从精神文明方面来说,我们要通过文明单位创建,改变社会对民办高校教育质量不优、师资队伍不强、学生素质不高的看法,民办高校也能提供特色优质的教育,民办高校也能培育出一批爱岗敬业、师德高尚的教师,民办高校的学生也许在学习方面有所欠缺,但在思想品德方面不输给公办高校。今年,建桥创办了上海市第一所完全招收留学生的国际设计学院,有老师获得上海市教学成果一等奖,有老师被评为全国高校优秀辅导员、全国优秀教师,就业率和签约率分别高达99.6%、96.2%,学生在参军、献血、"三支一扶"等方面积极踊跃,这些都是学校一如既往重视精神文明建设结出的硕果。

我非常赞同校长在集中汇报时阐述的观点:建桥始终坚持把文明单位创建作为学校内涵建设重要内容来抓,不断提升办学软实力;始终坚持把文明单位创建活动贯穿于学校转型发展各项工作,不断凸显办学特色。用一句话概括,文明单位创建就是把建桥建成优秀民办大学的最重要抓手和工具。

再次感谢各位专家今天的辛苦工作!谢谢。

感 恩*

尊敬的各位领导、来宾,老师们,同学们:

值此建校 15 周年之际,请允许我代表上海建桥(集团)有限公司、上海建桥学院董事会,向远道而来的各位领导、嘉宾以及历届校友表示最热烈的欢迎和最衷心的感谢!

记得五年前建桥学院举行十周年校庆,时任副市长沈晓明在庆典致辞上说,"上海民办教育就是不一样,上海建桥学院就是不一样"。我对这两个"不一样"记忆犹新。一路走来,建桥确实有太多"不一样"的地方。源于内心一个朴素的大学梦,1999 年,我和几个朋友砸锅卖铁,变卖了温州所有的工厂、设备,义无反顾来到上海办学。由于当时民办教育尚属新生事物,相应的政策体系和流程还不健全,我们在没有批文的情况下就一举买下 200 亩地,然后投入巨资把校舍建立起来。当时可谓"不成功便成仁",完全没有顾虑"万一政府不批,几亿资产打水漂了怎么办"的疑问,是真正的"破釜沉舟,背水一战"。最终,得益于上海"海纳百川"的城市精神,得益于我们敢为人先的赤诚之心,建桥在 2000 年就实现了当年建成、当年招生的奇迹。不得不说,从无到有这一步,我们就走了和别人不一样的道路。在 15 年的办学历程中,我们作出了无数个"不一样"的选择,成就了我们三年打基础、五年上台阶、十年争飞跃,成就了我们从小变大、从弱转强的华丽转身。

不走寻常路,这就是上海建桥学院的活力所在,也是上海民办教育的活力所在。15 年来建桥乃至上海民办教育的发展,走的就是一条艰苦奋斗、勇于创新的"不同寻常路"。正如刚才视频播放的内容,如今的建桥以新校区的落成启用为标志,硬件和软件较之 15 年前用"天翻地覆"来形容也不为过。每当念及学校的发展和变化,我们的内心总会升腾起由衷的感恩之情。

我们首先要感恩的是这个时代。这是一个伟大的时代,自从 1992 年改革开放开始,中国重新进入一个伟大盛世的起点。我们搭了这个时代的顺风车,我们一切的成功都离不开这个伟大时代塑造的好环境,都离不开党和国家在政策上的不断突破和创新。

---

* 本文为 2015 年 11 月 29 日在建校 15 周年庆典大会上的致辞。

我们还要感恩各级领导、兄弟院校和社会各界人士。正是你们多年来的包容、关心、帮助和支持,为学校发展创造了良好的外部环境,争取了更多的外部资源。至今还记得学校初创之时,我们的师资不够,教师队伍就像联合国部队,有复旦、交大的,有同济、华师大的,还有财大、东华的,我们很多专业的开办,背靠的就是上海丰富的高校资源。

我们要感恩曾经或正在学校工作的所有教职工,是你们用汗水和心血,用辛勤和忠诚,撑起了学校发展的一片蓝天。我们要感恩曾与我们并肩努力的历届校友,是你们以良好的素质和过硬的本领,为母校赢得了社会的声誉和好评……

今天要感恩的对象实在很多,但此时此刻我最要感谢的,是我们所有的学生!你们把人生最美好的青春留给了建桥,你们把高昂的学费交给了学校,你们自尊自爱、自强自立,你们热爱祖国、热爱社会,你们热爱生活、热爱学习,你们才是学校真正的主人,是你们推动着学校不断前行,是你们铸就了建桥的光荣与梦想。同学们,谢谢你们!

从康桥到临港,我内心一直坚信:建桥必将越办越好。这种信心源于我们对办学使命的共同坚守,源于我们对未来目标的孜孜追求。

我们将始终坚持"为学生建成才之桥,为教师建立业之桥,为社会建育人之桥"的办学使命不动摇,让建桥的学生"好就业,就好业",让建桥的教师"好干事,干成事",让更多的单位"好用人,人好用",使建桥真正成为各方满意度都较高的一所高校。

我们将始终坚持办一所国内一流的民办大学这一目标不动摇。今天的建桥,在国内民办大学中勉强跻身前20名,但我们一直未放弃,始终在努力,以新校区为标志,我们率先完成了硬件上的跨越升级,接下来将举全校之力推行《卓越建桥计划》,以完成内涵上的跨越升级。

我们将坚定不移地推行国际化战略,通过国际化引进更丰富、更优质的教育资源,让更多师生有走出去学习深造的经历,让更多师生在校内就有和外教、各国留学生交流的机会。我相信,五年以后将会有更多境外的校长来参加我们的20周年校庆。

我们将矢志不渝地推动办学层次再上一个台阶,让更多建桥学子有在母校继续深造的机会。今天的建桥,尽管已经有一些联合培养的研究生,但我相信,五年以后将会有建桥自己培养的研究生来参加我们的20周年校庆。

来宾朋友们,老师同学们,今天的建桥也许还很不起眼,让人不敢联想英国的剑桥,但通过一代又一代建桥人的不懈努力,20年、50年或者是100年以后,我相信上海建桥学院一定能办成一所中国乃至世界的名校。

来宾朋友们,老师同学们,今天是一个继往开来的日子,也是一个登高望远的日子。我们非常荣幸,在座各界嘉宾为我们带来了祝福与期望。我们感谢你们!也请你们相信,站在新起点,建桥必将不负众望!让我们共同期待桃李芬芳的明天,期待群星璀璨的明天,期待建校 20 周年、30 周年的再次聚首和团圆。谢谢大家!

充分发挥民营活力　创新推动事业发展*

1月4日，韩正书记邀请企业家代表座谈，提到要从市场环境、法治环境、人才环境三个层面入手，花更大努力为民营企业发展创造良好环境。这让我再次更为直观地感受到上海的城市精神：海纳百川，追求卓越，开明睿智，大气谦和。上海有着全国一流的公共服务和支撑体系，选择在上海发展是民营企业家的最佳选择。这十几年来，伴随着上海建桥学院从无到有、从小到大、从弱转强的奋斗经历，我深感1999年选择来上海办学是正确的，上海以其博大的胸怀接纳外地人来沪办学，并在各方面予以关心支持，促成一所民办大学的健康快速发展，短短15年就办成一所全国知名的高水平民办大学。

当前，经济下行趋势压力不断增大，各行各业都面临越来越大的竞争压力、生存压力，在民办高等教育领域，这几年也陆陆续续出现一些关停并转的现象。具体而言，我们的压力主要表现在以下三个方面。

一是兄弟院校的竞争愈发激烈。2005年上海建桥学院升格为本科时，全国民办普通本科高校还不足30所，十年后的今天，这个数字已经翻了好几番。与之相对应的是，高考生源连年下滑，在低谷徘徊已有多年，这就进一步加剧了民办高校的生存压力。一所民办高校要生存，首先必须得在招生市场上站住脚，这是最大的考验。

二是队伍建设的瓶颈难以克服。近年来，上海房价高企，物价成本不断抬升，给民办高校的教师队伍建设带来严峻挑战。尽管建桥已经连续12年按照年均10%的增幅给教师涨工资，但在总体待遇上和公办高校还存在一定差距，加上身份等方面的不公平待遇，导致骨干教师流向公办高校的问题始终未得到有效解决。

三是法律方面的障碍难以突破。近年来，尽管民办教育的外部政策环境不断趋于好转，政府的扶持力度也不断加大，但法律方面的一些核心瓶颈问题始终未得到突破，如分类管理、产权归属等，始终处于争议之中，对民办高校举办者安心办学产生了不利影响。

尽管面临种种问题，但我们始终坚信，"十三五"的五年仍会是学校转型发

---

* 本文为2016年1月14日在上海市社工委民主生活会上的发言。

展的战略机遇期、内涵建设的关键期、深化改革的攻坚期。国家明确提出引导一批地方普通本科高校向应用型转变,这就为创办以来始终坚持应用型办学定位的上海建桥学院提供了一个分类突破的契机;上海建设中国自由贸易试验区、建设具有全球影响力的科创中心、推进教育综合改革等系列战略性举措,也为建桥的创新突破带来了种种机遇。

近几年来,尽管面临各种挑战和压力,但上海建桥学院依然保持健康稳定的发展势头,在校园建设、内涵建设、文明建设方面均取得令人瞩目的办学成绩:占地800亩、投资25亿元的新校区顺利建成启用,学生规模较"十一五"末增幅近25%,学校已成为上海在校生规模最大的民办高校;顺利通过教育部组织的本科教学合格评估,教育教学质量得到社会各界广泛认可;在全国民办本科院校中首获全国文明单位称号……在新近公布的2016年中国民办大学排行榜中,学校延续了近几年稳健的上升势头,目前已位居16名,是上海排位最靠前的民办高校。

回顾近几年的办学经历,我觉得上海建桥学院之所以能取得来之不易的成绩,要归因于我们始终坚持发挥民营经济的活力和民办机制的优势,在办学中善于创造性开展工作。例如,我们始终坚持内部治理结构的完善,不断推进治理体系和治理能力的现代化,善于发挥各个二级单位的积极性和能动性;我们始终坚持贴近行业企业需求办学,不断深化校企合作、产教融合,多种形式吸引企业参与教育教学甚至内部管理;我们始终坚持国际化办学路径,积极引进国外优质教育资源,在双向留学、中外合作办学项目、海外实习基地建设方面都走在上海民办高校的前面……

这几年上海建桥学院的逆势发展,使我深深认识到:"十三五"期间,民营经济、民办教育要发展,重在依靠自身灵活的体制机制优势,重在依靠自力更生、探索新的发展路径。

不论民营企业也好、民办学校也罢,对政府的期盼,我觉得还是落实在韩正书记提出的"三个环境"建设上。

第一个期盼,是期盼建立更加公平的竞争环境。希望上海市政府的相关计划,不仅能对公办高校开放,也能允许民办高校公平地参与竞争,如骨干教师激励计划,因为民办高校的教师也承担着教书育人的重任,他们将基础相对不好的学生培养成才,贡献并不比公办高校教师小,千万不能再在身份待遇上扩大公办高校教师与民办高校教师的鸿沟。

第二个期盼,是期盼法规制度的建设更健全。要真正围绕民营企业家最关心的法律政策瓶颈问题,加快制度体系建设步伐,尤其是不能墨守成规,要敢于突破,充分利用上海改革试验区的优势,大胆先行先试,法无禁止皆可为。在法无禁止的情况下,立法或制度建设应更加迎合民营企业家的需求而非政府部门的自身需求。

第三个期盼,是期盼社会体系对人才更具吸引力。包括住房保障、医疗保障、教育保障等,应该更加有利于吸收海内外、全国各地的优秀人才来上海生根发展,避免各类成本上升造成的人才溢出,要重新使上海成为高精尖人才集聚的洼地。当前,各地对吸引优秀师资都各出奇招,如福建省专门制定了吸引台湾优秀师资的鼓励办法,上海可以积极借鉴。

扬 帆 临 港*

同学们,今天我们请来了"桥见大咖"创办以来的第三位重量级嘉宾——前奥运冠军徐莉佳女士。她不仅会给同学们做一场报告,还将出任学校筹建的大学生帆船俱乐部总指导,这是上海建桥学院的大喜事,也是同学们的幸事。学校所处的临港自然条件得天独厚,随着帆船俱乐部的成立,尤其是徐莉佳的加盟,同学们的课余社团生活将更加丰富多彩。

每一个人心中都有梦想,所有人的梦想共同丰富中国梦的内涵。徐莉佳有奥运梦、冠军梦,我的梦想是把建桥办成国内一流的民办大学。

一流的大学要有一流的硬件,所以我们投了 26 亿元巨资建成新校区。很多领导和朋友笑称,"建桥学院是皇家建桥学院",因为建桥有高规格的美食和高规格的建筑,如高规格的图书馆、高规格的大礼堂、高规格的咖啡馆,最近高规格的健身馆即将开业……

但我深知,高规格的硬件换不来一流的大学。大学之大,在于大师。引进高水平的、一流的教师,仍是我们办学最薄弱的一环,也是我们今后重点努力的方向。可喜的是,这两年学校在这方面做出很多努力,也取得很多成果。比如,引进上海海外名师金亨锡、陈志雄等来校授课,邀请业界大咖何一兵、卫哲等给同学们做报告。今天我们请来了徐莉佳,以后还将有更多像徐莉佳一样的重量级人物来学校和同学们面对面。

同学们的所想所望,就是我们的努力方向。

再次谢谢徐莉佳,也谢谢同学们。

---

* 本文为 2016 年 9 月 14 日在奥运冠军徐莉佳受聘建桥大学生帆船俱乐部总指导仪式上的致辞。

扩大交流　　惠及师生[*]

各位来宾、同仁：

有朋自远方来，不亦乐乎。今晚台湾同胞和兄弟省市同仁齐聚美丽的滴水湖畔、建桥校园，共襄海峡两岸民办（私立）高等教育交流交往之盛举，我谨代表上海建桥学院董事会对远道而来的宾朋表示热烈的欢迎和衷心的感谢。

海峡两岸民办（私立）高校校长论坛由上海建桥学院于2008年倡议举办，之后分别由沪台两地民办（私立）高校轮流举办。论坛在推动私立高等教育交流合作、共同提升办学水平方面取得丰硕成果，我尤其觉得对推动上海建桥学院转型发展起到非常大的作用。这几年，台湾地区兄弟院校帮助建桥共建专业，高水平教授来到建桥给学生授课，有力提升了我们的办学水平。今年10月，全国政协主席俞正声在沪举行一个座谈，我汇报了我们的论坛取得的成果，得到领导的高度肯定。

到今年论坛已经举办到第九届。我深深觉得，持续就是影响，坚持就是力量。只要大家能在原有的共识基础上进一步扩大交往、交流，一定能更多惠及民办（私立）高等教育事业，更多惠及教师和学生，我们的论坛也一定能取得更多的成果、产生更大的影响。上海建桥学院将会一如既往地支持论坛的举办，同时也会竭力推动论坛从务虚走向更务实的层面，推动民办（私立）高校形成更多实质性的合作。

谢谢大家。

---

[*] 本文为2016年11月5日在第九届海峡两岸民办（私立）大学校长论坛欢迎晚宴上的致辞。

交流分享,推动商务流通行业发展*

各位领导、各位来宾:

在这春暖花开的时节,滴水湖畔群贤毕至,建桥校园熠熠生辉。首先,请允许我代表上海建桥学院董事会,对远道而来的各位领导嘉宾表示最真诚的欢迎,对中国流通30人论坛选择由建桥承办这场高规格的活动表示最衷心的感谢!

会前我看了一下名单,与会的都是国内商务和流通研究领域最顶尖的专家学者,有不少还是兄弟院校的书记校长,G30组委会能将"一带一路"新商务论坛放在上海建桥学院这样一所办学历史并不太长的民办大学举办,这是对上海建桥学院的信任,也是对我们民办高校的信任。我看了一下议程,部分专家学者还将受聘建桥商学院国际商务硕士专家委员会委员,这也是对全体师生员工最大的鼓励,必将给我们更大的信心,必将助力建桥争创国内一流的民办大学!

上海建桥学院创办于2000年,得益于国家改革开放的红利,实现了三年打基础、五年上台阶、十年争飞跃的跨越式发展,于2013年成为上海首家通过教育部本科合格评估的民办高校,并率先迈入向应用技术型高校转型发展的历史新阶段。这几年,在校友会网中国民办大学排行榜中,学校始终保持稳步提升的态势,今年排在全国第13位,尽管我们对排行榜不可尽信,但也在一定程度上反映了社会对上海建桥学院办学水平的认可。但凡有宾客至,我总会介绍一下建桥的"两高两美"。所谓"两高",即建桥的高就业率、高签约率,始终位居上海市高校前列,我们还获得了上海市政府授予的"促进就业先进集体"称号,这得益于我们始终注重学生动手能力的培养,专业贴近实际需求,毕业生因上岗即上手而深受企事业单位欢迎,用人单位评价我们的学生"眼不高,心不大,手不低,坐得住"。所谓"两美",其中一美是我们的学生美,不仅颜值高,更重要的是心灵美,学生在义务献血、志愿参军、支援西部、志愿服务等方面争先恐后,每次都超额完成指标,建桥从2005年以来倡导学雷锋,已累计有5 000多名学生获得雷锋金、银、铜质奖章;另外一美是我们的美食,不仅深受建桥师生的喜爱,还吸引了临港地区兄弟院校师生和企事业单位的员工过来"蹭吃",有不少人找

---

* 本文为2017年4月11日在上海"一带一路"新商务论坛上的致辞。

到我希望能开个后门给他们办张长期饭卡。前几天上海知名的《申江服务导报》专门介绍了临港高校的美食,评价"上海建桥学院的食堂深受另外三所高校好评"。今天与会的领导嘉宾将会体验到传说中的建桥美食。

本科评估前后,我对学校未来的发展目标提出了三个设想。

第一个设想是争取招留学生,力争国际化教育打开一个新局面。目前,建桥成立了上海首个以招收留学生为主的国际设计学院,在校留学生近60人,加上各类中短期留学生、交换生,每年有一两百个留学生在校,使建桥学子有更多跨文化交流的机会。师生出国访问进修的机会大大增加,我们还专门出台政策资助学生出国游学实习,各专业与境外友好院校也积极开展了多种形式的交流合作。

第二个设想是要争取招研究生,力争办学层次再上一个新台阶。我们从2011年就启动了校级重点学科的建设,目前已进展到第三批,其中国际商务正是我们第一批就开始建设的重点学科。招收研究生的前提还是要看国家的政策,听说国家正在启动新一轮学位点申报工作,学校目前正积极准备,在此我非常希望在座的领导专家能积极为建桥的申硕工作建言献策。

第三个设想是实现上海建桥学院向上海建桥大学的华丽转身,这个目标任重道远,也许还需要几十年甚至更长时间的努力。这个最难实现的梦想,也是我把建桥从上海中心腹地迁到远郊临港办学的初衷。大家今天所处的临港校区,土地证上不多不少正好800亩,为了这个800亩,我们已整整投入了26亿,地价是隔壁公办高校的五六倍。从硬件上说,我们已达到教育部相关要求,这也是我们这代建桥人留下的最大财富之一,软件上的完善和达标,则需要后面一代又一代建桥人的不懈努力。

各位领导,各位来宾,今天的论坛规格高、层次高,是一场多方受益的活动。它不仅能促进学界的交流和分享,推动商务流通行业的发展,同时也将有力助推建桥国际商务学科的建设再上新水平,今天国际商务专业的师生全部到了现场听取学界大咖的报告,我相信他们都能各有获益。

建桥校训精神的精髓是"感恩",我再次代表在座的师生对各位领导专家的到来表示万分的谢意。最后,衷心祝愿本次论坛取得圆满成功。

努力争取最大公约数
推动民办教育新发展*

《上海市人民政府关于促进民办教育健康发展的实施意见》《上海市民办学校分类许可登记管理办法》已于2017年11月底经上海市政府常务会议原则通过。这两份文件可谓上海版的民办教育新政,是继辽宁、安徽、甘肃、天津等省市之后较早出台的。上海的地方新政有几个亮点比较引人注目。

一是较好衔接了国家新政。《中华人民共和国民办教育促进法(修正案)》以及《关于鼓励社会力量兴办教育促进民办教育健康发展的若干意见》《民办学校分类登记实施细则》和《营利性民办学校监管实施细则》(以上法律文件业内简称"1+3"文件)的出台,标志着民办教育界翘首以盼的新政终于尘埃落定,有助于解决长期以来困扰民办教育发展的关键问题,为新时期我国民办教育事业发展破除了法律瓶颈,消除了政策障碍,指明了前进道路。如果说"1+3"文件是国家层面的顶层设计,民办学校更为关心的问题,如分类登记细则、退出机制安排、补偿奖励办法,则需要地方政府结合实际因地制宜地予以创新。上海市的两份文件较好地衔接了国家新政,既体现了"1+3"文件加强党的领导、实施分类管理、进行差别扶持、健全退出机制等核心精神,又在政策扶持、过渡机制、补偿奖励等方面进行了有特色的探索,既贯彻落实了国家意图,又最大限度考量了地方实际;既给出了时间表,又列出了路线图。

二是充分考虑各方利益。上海版的民办教育新政,充分考虑了政府、学校、举办者、师生以及社会各界的利益,是体现多元共享、多元参与、多元治理的新政。这两份文件,既明确了政府的具体职责,又重视发挥社会各界作用,还强调对师生权益的保障,内容具体,既有刚性要求,也有柔性安排。

三是政策工具创新力度大。政策工具就是达成政策目标的手段,有自愿性工具、强制性工具、混合型工具等类型,选择正确的政策工具或工具组合,有助于更有效地达成政策目标。以往政府对民办学校的管理方式比较单一,欠缺工具性思维,这次上海版的民办教育新政,在民办教育的管理、规范、扶持等方面都充分展示出政策工具方面的创新。比如,运用信贷、租赁、保险等金融工具组

---

* 本文发表于《民办教育新观察》2018年第1期。

合,支持民办学校发展;在多元主体合作办学方面推广PPP模式,探索混合所有制,鼓励建立股权激励机制;鼓励向民办学校购买各种教育服务;支持行业组织发挥桥梁和纽带作用,探索建立民办学校第三方质量认证制度和质量监控制度等。可以预见,这些政策上的工具创新和实践探索,将为上海的教育综合改革贡献更多经验。

尽管仍有一些不尽如人意的地方,但新政既已落地,再去争论其间的不足已没有任何意义。当前最重要、最紧迫的任务,是最大范围地凝聚共识,在分歧之中争取最大公约数,确保新政落地,从而实现最大程度的共赢。而最大公约数的实现,最关键也最值得重视的依然是举办者,因为客观而言,除捐资办学以外的民办学校举办者,都多多少少有着这样那样的利益考量,这种利益并非单纯是经济方面的利益。不同的民办学校,面临的问题不一样,主张的诉求也不一样。这就需要政府部门施政时要更加智慧,充分认识非捐资举办的民办学校占据绝大多数这一客观事实,充分考虑每一所民办学校的差异性,与举办者充分沟通,尽可能了解举办者的当前之虑、后顾之忧。

何谓当前之虑?对意向选择营利性的民办学校,登记细则仅是较为笼统地规定要进行财务清算、依法明确资产权属、依规缴纳相关税费,具体的清算方案、确权方案、缴税方案仍未明晰,由于民办学校出资形式的多样性和办学历史较长造成的复杂性,对部分产权的归属存在分歧可能依然难以避免,对登记之后的交易成本是否高昂可能心怀忐忑,而登记办法规定2018年12月31日前就要完成选择,时间窗口仅余一年,要在这么短的时间内细化相关操作方案,消除举办者疑虑,工作难度巨大。对意向选择非营利性的民办学校,是否也存在很多登记之前应解决而又未解决且难以解决的问题?比如,有的民办学校有多个举办者,举办者之间可能存在利益诉求不同、分类选择意见不同的问题,要在一年时间内调和不同利益相关方的意见,工作难度也是较大的。

何谓后顾之忧?对意向选择营利性的民办学校,尽管"教育可以营利"在法律上得到了突破,但毕竟并未形成社会的广泛共识,举办者始终担心遭受各方面的歧视,尤其是来自政府的政策歧视和社会的舆论压力,师生也会担心遭受各种不公平的对待。对意向选择非营利性的民办学校,有的举办者担心政府将来可能会过多地介入学校运行,导致学校办学出现"公办化"倾向,丧失了民办教育的体制机制优势;而有的民办学校由于时间窗口太短,尽管举办者选择了非营利性,但历史遗留问题或内部矛盾可能仍未得到有效解决,无法真正实现"轻装上阵"。

政府部门应高度重视民办学校的当前之虑和后顾之忧,加强预判,切实采取有效行动,平稳有序推进新政落地。一是全面深入调研,尤其是加强与举办者的沟通交流,了解举办者的真实意愿和疑虑所在,并作为后续政策制定的参考依据,甚至共商会诊帮助民办学校解决各自面临的特殊难题或矛盾;二是加快政策细化,尤其是应尽快明确清算方案、确权方案、缴税方案,对权属模糊的部分应考虑举办者的贡献尽量归于举办者,同时尽可能减免交易费用;三是重视舆论引导,引导社会公众正确看待选择后的两类学校,同时在政策上尽量保障两类学校师生的平等权益。

不论作何选择,相信在"坚持教育的公益属性"这一原则框架下,我们一定能最广泛地凝聚各方共识,只要政策设计更加科学合理、后续工作更加细致到位,两类学校都能实现平稳过渡、健康发展。

凝聚智慧　携手共进*

各位领导、各位校长、各位专家：

大家上午好！

很荣幸第二届中日民办（私立）大学校长论坛能放在美丽的滴水湖畔、建桥校园举办，请允许我代表上海建桥学院董事会对远道而来的日本嘉宾和校长们，以及国内兄弟院校领导表示热烈的欢迎！

去年8月，首届中日民办（私立）大学校长论坛在东京召开，来自中国的十所民办大学和来自日本的近20所私立大学的校长们欢聚一堂，共同探讨私立大学如何应对高等教育国际化的趋势。坚持就是力量，持续就是影响，今天我们移师上海，把讨论和友谊继续下去，相信只要能一届届办下去，这个论坛就一定能产生积极的影响，结出丰硕的成果。今年的会议规模远远超过去年，充分反映出大家对这个论坛能取得的成果充满信心。

上海建桥学院创办于2000年，是一所以本科教育为主的多科性民办大学，目前开设了30个本科专业、十个专科专业，现有在校生16 564人，是上海在校生规模最大的民办高校。学校自成立以来就高度重视国际化办学，是上海市第一所获得留学生招生资质的民办高校，目前在校长短期留学生有100余人，同时还与美国、英国、法国、德国、丹麦、澳大利亚、韩国、日本等国家以及中国台湾地区的多所高校签订了合作办学协议，实施以"课程对接、师资共享、学分互认、学生互换"为基础的国际化教育。

近几年来，学校和日本高校的合作渐趋频繁，目前落地实施的项目有与梅花女子大学、京都情报大学院大学、活水女子大学合作的学位项目，以及与大和语言教育学院、京进语言学院、日本群马酒店集团合作的实习项目。2015年至今，学校累计赴日的学生已经超过250人。

办学18年来，我们深深体会到，错位竞争、特色发展是学校在日益激烈的竞争环境中赖以生存并不断发展的根本所在，而国际化无疑为民办高校实现错位竞争、特色发展甚至弯道超车提供了更强的可能性和可行性。建桥矢志建成中国一流的民办大学，国际化战略将在这个过程中占据非常关键的地位。今天

---

*　本文为2018年6月4日在第二届中日民办（私立）大学校长论坛上的致辞。

这个论坛的举办,无疑又为学校进一步拓展国际合作办学空间,提供了更多的机遇和更好的机会。希望我们能凝聚智慧,携手共进,达成更多合作,实现共同发展,让每一所与会学校都能有收获,载兴而来,满意而归。

最后,祝本次论坛圆满成功!

民办教育商会的工作定位[*]

各位会员：

大家下午好！

经过半年多的筹备工作，上海市工商联民办教育商会今天在这里召开第一届第一次会员大会，感谢市工商联、市社会组织管理局等部门的悉心指导，感谢各会员单位的努力配合，也要感谢秘书处同志的辛苦付出。承蒙大家的信任和厚爱，推举我担任商会会长，我深感责任重大！在其位就要谋其政，今后，我将秉承本会宗旨，依靠理事会和秘书处的力量，依靠全体会员单位的智慧，共同把民办教育商会的工作做好。

我觉得今后民办教育商会的定位，主要有三个方面。

一是维权。通过合理合规的方式、渠道维护举办者的合法权益。在商言商，如果举办者和投资者的积极性得不到保护，最终影响的将是上海市民办教育的进一步发展。在这里要特别感谢上海市工商联，去年年底我们几所民办高校调整学费碰到了非常大的困难，我们实在没有办法，就找到了市工商联，通过市工商联和相关部门沟通协商，最后在各级领导的关心支持下，我们的学费问题都得到了妥善的解决。

二是自律。一个行业如果缺乏自律，最终影响的是行业的发展秩序和整体形象。因此，民办教育商会的每个成员都要带头遵守和贯彻国家法律法规和政策文件，加强自我约束。我总结建桥20年来办学的成功经验，其中一条就是始终把社会效益放在经济效益前面。

三是建言献策。民办教育商会要代表各级各类民办教育机构的举办者和投资者，汇总好大家急愁难盼的问题和意见，形成高质量的调查报告或建议提案，通过市工商联的渠道反映给有关方面。

民办教育商会的成立只是迈开了第一步，今后要建成有凝聚力和影响力的行业组织，还要靠大家的共同努力。对于今后商会的工作，我主要谈三点想法。

一是有作为才会有地位。不管政策如何趋紧，环境如何变化，我们的首要目标还是要把学校办好，继续为学生和家长提供高质量、有特色的教育产品和

---

[*] 本文为2019年5月31日就任上海市工商联民办教育商会首任会长时的讲话。

服务,这是我们的安身立命之本。学校办得好了,学生和家长会用脚投票。

二是讲团结才会有力量。现在民办教育政策领域,发声的多是政府部门和所谓的专家,民办教育机构的参与度不够,发不出声音,今后要团结起来,把我们的意见和诉求有效地传达到主管部门,引起他们的重视。团结才有力量,如果是大家共同的声音,我相信教育主管部门不会坐视不理。目前民办教育商会规模还不大,今后理事会和秘书处要多出力,争取吸收更多会员单位。

三是有目标才会有成效。民办教育商会的工作还是要有一个清晰的目标——年度的目标,中期的目标,任期的目标——这样我们的工作才能达到预期的成效。民办教育商会成立后,我们会尽快与会员单位加强沟通,充分征询大家的意见,汇总大家比较关心的问题或意见,确立好商会的工作目标。

谢谢大家!

第七章
心系民生

◉ 陪同陈群副市长视察建桥(2019年)

关于率先在上海民办学校
试行招生制度改革的建议*

目前我国的招生制度，基本上还是计划经济时代的延续，学校的招生计划人数由政府下达，招生区域和范围由政府划定，录取分数线由政府拍板，学生按填报志愿和分数对号入座，学校招生基本上只是到考试院拿名单，学校没有招生自主权。在市场经济体制下，这种刚性的计划招生体制已很不适应。这几年，教育部在重点高校试行"自主招生"改革，上海也在高职院校试行"自主招生"改革。应该说这一改革取得了一定成效，具有某种"破冰"的意义，但这只是招生制度改革的起步阶段，还远不够系统和深入。就上海而言，未来要积极推进国家教育综合改革试验区建设，必须也必然要在招生制度改革上推出新的举措，迈出新的步伐。

为此，我呼吁：上海市政府及教育行政部门在民办学校中率先试行更全面、更深刻的招生制度改革。这是因为，一方面民办学校的体制机制相对较活，市场意识和市场适应能力较强，更容易启动这项改革；另一方面在民办学校试行招生制度改革，即使存在一定失误，其社会影响也相对较小，而且比较容易纠正。具体建议如下。

一、逐步实施民办学校招生市场运作机制。市场是开放的，所以生源市场的区域和范围限制应当拓宽。比如基础教育，公办学校实行的是"就近入学"原则，不搞择校；民办学校应不受此限，允许在全市乃至更大的区域范围招生，给家长及其子女更多、更广的择校权，以满足社会多样化的求学需求。

二、构架中职、高职直通车。在中等职业学校和民办高职院校之间、相近专业之间实施"3+3"模式。中职学生在第三年级分流，一部分继续完成中等职业教育后直接就业，一部分经对口的民办高职院校选拔，不经高考直接升入高职院校相近专业就读。实施六年一贯制的优点是理论知识教育可避免不必要的重复，实践训练可以更充分，同时也有利于中职招生和高职生源增加。在中职生直接升入高职时，有必要设置一个内部选拔程序，这样有利于调动中职生的学习自觉性，也有利于保障高职生的基本质量。

---

* 本文为2010年上海市人大提案。

三、在高职院校试行"自主招生"改革的基础上,可进一步在民办高校推进"注册入学"制度。上海的高等教育已由大众化阶段进入普及化阶段,已经具备了高职教育全开放条件,即:凡完成高中阶段教育的学业、经统一的水平测试(或高中会考)成绩合格者,均可不经统一高考进入高职院校就读,就像美国的社区学院那样。学校实行"宽进严出",以保障高职毕业生的基本质量。

四、教育主管部门合理核定民办高校办学规模,由每年下达招生计划,改为实行招生总量控制。1998年颁布的《中华人民共和国高等教育法》规定:"高等学校根据社会需求、办学条件和国家核定的办学规模,制订招生方案,自主调节系科招生比例。"但这一规定至今没有落实。那么,是否可以先在民办高校落实呢?先由教育部门根据民办高校的办学条件、办学基础等综合要求核定办学规模。各校在招生时可根据生源市场自主调整招生方案和人数,若今年少招了,明年就可多招一点,反之亦然。对招生任务未完成、未达到核定规模的学校,作为政府救济措施,允许招收一部分非学历生开展自学助考,或者像烟台南山学院、西安翻译学院那样颁发非国家认可的学校文凭,作为用人单位录用的参考。

五、核准民办高校办学规模时,宜适度放宽办学条件指标的要求。教育部2004年下发的《普通高等学校基本办学条件指标(试行)》规定,本专科生均占地面积要54平方米(接近一分地),生均教学行政用房要14～16平方米,这个

◉ 心系民生

标准比发达国家还要高出许多。其实这一标准是为了抬高准入门槛而设置的,其弊端是科学依据不足,不符合国情,浪费教育资源。而且这个标准仅是一个试行性的文件,上海又是教育改革试验区,因此根据上海实际情况作适当调整是完全可以的。由于民办高校的经济实力远不如公办高校,办学起点、基础不一样,但规定的办学条件公办民办却要一样,这样看似公平,实际很不公平。因此对民办学校在核定办学规模时,上海更应适当放宽办学条件这一硬指标的要求,而是要增加教育质量、教学特色、社会声誉、就业状况等软指标的比重。

当前,上海市各级各类民办学校受生源减少、经费紧缺以及教师流失等多重因素影响,其生存和发展的空间受到严重挤压,正遭遇前所未有的困难,有的民办院校甚至面临破产倒闭的风险。如果政府部门能够在民办学校招生制度改革上有更大突破,在招生政策执行中给予民办学校更大扶持,无疑将有利于促进民办教育健康、持续发展,这对社会的和谐与稳定也将起到重要作用。

呼吁加快上海民办教育立法进程*

据统计,截至2009年底,上海各级各类民办学校数占同级同类学校数的比例分别为:幼儿园29.4%,小学22.7%,普通中学14.5%,普通高校(含独立学院)31.8%;在校学生数占同级同类学校在校生数的比例,分别为:幼儿园20.9%,小学6.1%,普通中学13.6%,普通高校18.5%。另外,还有以招收农民工同住子女为主的民办学校151所,在校生11.7万人;民办非学历教育机构6000多家,每年为社会提供上千万人次的各类培训。由此可见,上海民办教育正在成为上海教育事业的重要组成部分,但并不能说已经成为重要组成部分,因为上海民办教育的比重还低于全国平均水平。《国家中长期教育改革与发展规划纲要》提出,要使民办教育真正成为我国教育事业的重要组成部分,成为教育事业发展的重要增长点和促进教育改革的重要力量。要实现这"三个重要"目标,必须从法律保障上破解民办教育长期悬而未决的许多关键问题、突出问题、现实问题,从法律操作层面真正落实民办学校及其教师、学生享有与公办学校及其教师、学生同等的公平、公正地位和待遇,切实保护民办学校举办者的办学积极性,切实帮助民办学校解决办学困难,以法律规范对民办学校进行管理。据我所知,2002年国家颁布《民办教育促进法》以来,全国许多省市都相继颁布地方性民办教育法规或政府规章,其中黑龙江、浙江、陕西、广东、云南等省以及重庆、宁波、西安等城市在法规内容方面有突破、有创新。希望上海教育立法不落人后,加快立法进程。期盼上海的民办教育立法更能体现地方特色,做到针对性强、操作性强、先行性强、创新性强。

下面我对上海民办教育立法宜破解的难点问题提几点个人建议。

关于要合理回报的民办学校的性质、法人属性问题

上海已被教育部列为民办学校分类管理试点城市。如果上海立法要规定对民办学校进行分类,我主张对分类标准的设定一定要慎重,要从现实国情出发。这里的分歧主要在于要求取得合理回报的民办学校是营利性学校还是非

---

* 本文为2011年上海市人大提案。

营利性学校。一种意见认为，凡是要合理回报的就是营利性学校，而我和民办学校的多数举办者则以为：办学不以营利为目的、依《民办教育促进法》许可允许取得合理回报的民办学校，其性质依然属于公益性、非营利性学校，其法人属性应为民办事业单位。《民办教育促进法》中依法取得合理回报被列在"扶持与奖励"一章，意指这个回报不是出资人的利润分红，而是国家对举办者投入公益性教育事业的扶持和奖励。在这里合理回报的关键词是"合理"两个字，回报有个"度"，超出这个度，就是不合理，就是营利行为，就由量变到质变，所以上海立法要明确合理回报的比例和方式，回报比例过高，就不合理；回报比例过低，会使举办者遭受损失，则不能保护出资办学的积极性。政府鼓励捐资办学是对的，但对要求合理回报者也应列在鼓励、扶持之列，不应有所歧视。

关于民办学校教师的地位与待遇问题

一所好的学校，关键在于教师。在民办学校，教师的社会地位和待遇低，致使好的教师进不来、留不住，学校就办不好。《民办教育促进法》虽然规定民办学校教师享有公办学校教师的同等权益，但在实际上差距很大，建议上海立法要着重解决这个问题。立法应明确教师在公办、民办学校之间流动，其教龄、工龄连续计算；像有些省市那样，民办教师（至少是骨干教师）编制应纳入事业单位编制；建立与公办学校教师相同的社会保障制度、所需缴纳的社保经费，因为民办学校财力有限，应由政府承担或补助；要改进现在正在试行的教师年金制度，多数教师感到力度不够，退休后能拿到的养老金与公办教师相比，差距还是太大。

关于民办学校的资产归属问题

举办者将投入办学的资产过户到学校以后，在立法层面应当明确：①举办者对过户在学校名下的资产和再投入资产拥有产权、转让权；②学校存续期间，其办学积累资产是不同投入主体（出资者、国家）共同出资办学而形成的增值资产，所以其积累资产的产权应当依投入比例分属出资者和国家；③学校终止时，对清算清偿之后的剩余资产，也应依投入主体的资产比例分属出资者和国家。

关于政府对民办教育的行政职能与民办学校办学自主权

立法应具体规范政府对民办教育的扶持、服务和管理职责，真正做到依法行政。政府对民办学校的管理权限和管理方式要有别于公办学校,对民办学校的管理应更宽松一点,给予民办学校自主权应更大一点。只有这样,民办学校才能发挥其体制机制优势,才能成为"促进教育改革的重要力量"。民办学校在招生方面应允许在核定的办学总规模范围内,自主确定年度招生计划、招生范围、入学标准和录取办法,面向社会,自主招生,打破地方性保护和限制,给考生和家长更多的择校权;在学费收费标准方面,应改变由政府统一定价或政府审批政策,各校可依据其不同的教育投入、教育成本,自主确定收费标准,报有关部门备案;在专业设置上,民办高校必须依据人才市场需求和各自办学条件,自主设置和调整专业;在教学上,民办学校必须依据各自的办学定位、教育思想,自主制订、实施各自的培养目标、培养模式,自主设置课程、选编教材,这样才能最终形成各自的办学特色与风格。

以上对上海民办教育立法的建议,供立法部门参考。

关于妥善处理民办高校财政
扶持若干问题的建议*

近年来,基于对民办高等教育作用的正确认识,政府不断加大对民办高校的财政扶持力度。据统计,2010年和2011年,上海市级财政资助民办高校的资金分别达2.27亿和2.21亿。政府的财政扶持,有力保障了上海市民办高校的健康稳定发展,上海也成为对民办高校财政资助力度最大的省市之一,在全国范围内产生积极的影响。

然而,近年来的实践也表明,政府财政资助民办高校发展,仍存在一些亟待破解的难题。

一是财政资金产权问题。对拨付到民办高校的财政资金,至今仍存在产权属性这一历史遗留问题,在政府启动对民办教育财政资助的最初阶段,相应配套制度并不完善,未能很好区分办学积累的举办者投入、政府投入部分,这导致有关部门、有关人员担心财政资金投向民办高校会造成所谓的"国有资产流失"问题。

二是财政资助额度问题。尽管近两年上海市资助民办高校的财政资金折算成生均经费已逾2 000元,但和公办高校相比仍有不少差距。如何确定财政资助民办高校的额度已成为一个全国性的难题。

三是财政扶持工作机制问题。比如,政府启动财政扶持的预算、申报、审批等工作流程需要较长时间,甚至与相关部门组织的年终审计间隔较短,这导致很多民办院校只能"突击花钱",影响了财政资金的使用效率。再如,财政资金往往"带帽"下达,也在一定程度上限制了民办高校支配财政资金的自由度。

四是财政扶持绩效问题。以往对民办高等教育的财政扶持,根据一定标准、以一定方式拨付资金后,对财政资金的使用效果缺乏科学评价,在实践中往往也发现部分民办院校存在挪用或滥用财政资金的情况,而一些民办高校的财政扶持项目执行效果也不尽如人意。

为更好地贯彻落实国家和上海市的中长期教育改革和发展规划纲要,今后上海市对高等教育的财政投入仍会不断加大,民办高校今后能分到的财政"蛋

---

* 本文为2012年上海市人大提案。

糕"也将会越来越大。如何将财政资助民办高校发展办成一件各方满意、成效明显的实事,上述问题亟待解决,为此建议如下。

一是根据财政资金用途明确产权归属。政府向民办高校拨付财政资金,主要是为了弥补其办学经费不足,以保障其办学质量。在具体实践中,民办高校获取的财政资金,主要用于学生补助、队伍建设、硬件投入等方面,建议相关部门可根据财政资金的用途来明确产权归属:对用于民办高校学生和教师人头上的资金,如用于补助困难学生、资助学生活动经费、缴纳教师年金、补充师资培训经费等方面,本着落实公办高校和民办高校师生同等待遇的原则,不讨论产权问题;对用于支援民办高校实验室、信息化等软硬件建设的资金,可要求各民办高校在办学积累中将其计算为政府投入部分。

二是参照行业办高校确定财政资助额度。据了解,上海市行业办高校可获得相当于公办高校生均经费 75% 的财政资助,民办高校与行业办高校同属社会力量办学,在落实学校法人财产权、明确办学公益性的前提下,建议参照行业办高校的做法来确定对民办高校的财政资助额度,具体计算方法如下:

$$行业办高校生均财政投入 + 行业办高校学费 = 民办高校生均财政投入 + 民办高校学费$$

如果财政投入加学费收入超出行业办高校标准,民办高校可对照超出部分降低学费标准,从而进一步落实学生的平等待遇问题。

三是完善财政扶持工作体系。建议教育行政部门在广泛调研的基础上科学制定预算,确保财政扶持资金能有效解决当前制约和困扰民办高校发展的难点问题,根据不同民办高校的实际,合理区分用于队伍建设、学生资助、软硬件投入等方面的资金比例,形成一套重点突出、兼顾实际、管理科学、行之有效的扶持体系,并根据财政资金的不同用途建立与之配套的项目管理办法和资金管理办法。同时,应尽可能简化相应程序,预留给各民办高校足够的资金用度时间。

四是健全财政扶持的绩效评价机制。为避免财政扶持资金重分配、轻管理的现象,建议相关部门建立健全财政资金使用的绩效评价机制,科学合理地评价各民办高校财政资金的投入产出比,并将评估结果作为下一年度财政资助额度的参考依据,引导各民办高校从关心项目申报转向关心项目执行,从而促进各民办高校自身能自觉用好财政扶持资金。

全面实施"085"工程，
推进高水平民办大学建设*

为了深入贯彻落实科学发展观，加强上海高等教育内涵建设，进一步提升上海高等教育服务国家和上海区域经济社会发展的水平，上海市教育委员会于2008年起启动上海高校发展定位规划和学科、专业布局结构优化调整工作。各高校根据该项工作的整体要求和工作部署，认真研究制定了学校的发展定位规划，确定发展目标，明确建设任务，取得了较好的效果。为进一步推动该项工作深入开展，上海市教育委员会在此基础上启动了上海高等教育内涵建设"085"工程，颁布实施了《上海高等教育内涵建设"085"工程实施方案》。

"085"工程实施方案具体包括高等教育内涵建设的五大工程，即"综合建设工程"、"人才培养工程"、"知识创新工程"、"师资队伍建设工程"和"国际交流与合作工程"，具体包括15项计划及若干建设项目。在这些建设计划和项目中，涉及民办高校的项目较少，覆盖面比较窄。比如，"综合建设工程"的民办院校促进计划主要面向具有行业背景的民办学校；在"知识创新工程"中，民办院校难以参与其中的科技创新支撑计划和产学研联盟计划；在"国际交流与合作工程"中，民办高校的有关项目尚未得到明确的扶持和支持。总之，"085"工程的实施在实现"校校获支持，校校有发展，校校有特色"的发展目标上还有差距，对民办高校的扶持和支持还需要得到加强。

加大对高水平民办高校建设的支持力度

政府要制定有效措施和积极政策，支持高质量、有特色民办高校的发展。支持民办高校加强基础设施建设，建立民办高校与公办高校共享优质教育资源的机制，提高办学水平和教育质量。年度新增招生计划向高质量、有特色民办高校倾斜。在"综合建设工程"中，要按照分类管理的原则，对捐资举办的学校、出资人不要求取得合理回报的学校视同行业举办的高校，获得同样的政府资助。

---

* 本文为2012年上海市人大提案。

完善民办高等教育综合协调机制

要建立教育、发展改革、民政、财政、人力资源和社会保障、国土资源、税务、工商等部门的综合协调机制,有关部门应依法明确分工,落实责任,研究解决民办教育发展中的重大问题。探索建立支持民办高等教育的政策体系、监管服务机构和综合执法机制,检查、监督有关法规和政策的贯彻落实情况。在"085"工程框架内,加强各有关部委(如教委、科委、经信委、商务委)之间的协调,在各类基地、中心和平台(如高校知识服务平台)建设的申报中,保障民办高校公平参与竞争的机会,在条件相近的情况下,对民办高校予以优先扶持和支持。

加大对民办高校教师权益的保障

建立健全民办学校教师人事代理服务制度,政府有关部门按有关规定办理户口迁移、人事劳动关系衔接、社会保险关系转移、档案转接等手续。保证教师在公办学校和民办学校之间的合理流动。公办学校教师到民办学校任教、任职,教龄、工龄连续计算。在政府指定机构进行人事代理的民办高校教职工工作变动时,其教龄连续计算。完善教师社会保险制度,捐资举办学校、出资人不要求取得合理回报的学校教师参加事业单位基本养老保险,建立教师职业年金制度。在"师资队伍建设工程"中,加大对民办高校师资队伍建设的力度,在教师发展工程的框架内优先对民办高校的教师培养和发展提供支持和资助。

关于学历文凭、学位证书遗失可以补发的建议*

我于1999年在上海创办上海建桥学院,十多年来学校培养了两万多名学生,为学生颁发了两万张毕业文凭。但有的学生不慎丢失了文凭,来校要求补发,学校告知:只能开个证明,不能补发文凭,说这是教育部的规定。我问:"学历文凭和学位证书不能补发有明文规定吗?"学校回答:"没有,这是不成文的规定。"我看到丢失文凭的学生那种焦虑、期盼、忧愁、无助的神态,真的很同情,很惋惜,也很无奈。我百思不得其解,现在身份证、户口簿、护照丢了都可以补发,为什么唯独学历文凭、学位证书丢了不能补发?

在当下,学历文凭、学位证书对一个人特别是年轻人真的太重要了。在过去,你受教育的经历都会记录在你的档案里,你到哪里,档案就跟你到哪里,用人单位一查你的档案,就知道受教育的经历。现在不一样了,档案不那么重要,求职、应聘、考公务员、报考高一级学校、晋升职务、评定职称等,都要看学历文凭原件。可以说,学历文凭、学位证书是人们求职、晋级、深造的"身份证"和"通行证"。丢失学历文凭或学位证书的后果真的很严重,甚至会影响终生。

我在网上搜索了一下,发现学历文凭或学位证书遗失的现象相当普遍,挂在网上求助文凭丢失怎么办的帖子有很多,有北京大学、重庆大学、济南大学、湖南大学等高校文凭的,还有丢失自考文凭的。年轻人谋职,文凭常要随身带,丢失或被窃的事时有发生。丢失之后,有的登报申明,说若能物归原主必当重谢,但能够失而复得的可能性很小。

文凭丢失不能补,学校只能开个证明、盖个章,但这种证明权威性不够,真实性受质疑,因此在很多场合不管用,他们要的还是原件。没有原件怎么办?于是就给不法的文凭造假者提供了可趁之机。他们在网上公然允诺:"你文凭丢了,我给您搞一个,与原件一模一样的。"有的人被迫无奈,只能请人造假文凭,于是出现了"真学历假文凭"现象。有位先生自认他的文凭是假的,是文凭丢失之后去文凭贩子那里定做的,但学历是真的。他可以提供大量证据证明这一点。他之所以敢于自爆假文凭真相,不怕被老板炒鱿鱼,是因为他现在是老

---

* 本文为2013年上海市人大提案。

板。由此可见，兜售假文凭屡禁不止，教育部门的"遗失不补"行规也起到推波助澜的作用。如果可以统计，花钱买假文凭的人中一定有不少是"真学历假文凭"。

教育部门可能认为补发学历文凭、学位证书难度很大，无法操作。其实，我认为技术层面不是主要问题，办法总会有的，关键是我们的观念要变。有这么多人丢失文凭，丢失的可能是他们从小到大全家人节衣缩食、自己寒窗苦读换来的灿烂人生。我们难道不该从人性角度帮帮他们吗？所以我呼吁教育部门想想办法，改改"文凭遗失不补"的陈规。

关于加强上海民办高校学报建设的建议*

《教育部关于加强和改进高等学校哲学社会科学学报工作的意见》(教社政〔2002〕10号)指出:高校学报"连续、集中、全面反映高校教学科研成果,是传播社会主义先进文化的重要载体,是展示高校学术水平的重要窗口,是开展国内外学术交流的重要桥梁,是发现培养学术人才的重要园地,是塑造学校形象、创造学校品牌的重要途径"。

鉴于高校学报的重要地位和作用,上海部分民办高校陆续创办了有学报性质的内部期刊,其中上海建桥学院的《上海建桥学院教学与研究》、上海杉达学院的《上海杉达学院研究与发展》、上海师范大学天华学院的《天华教育研究》,经上海市教委、市新闻出版局批准,已有"上海市连续性内部资料准印证号"。下面以《上海建桥学院教学与研究》为例,汇报一下办刊情况。

上海建桥学院2005年经教育部批准,由专科升格为本科院校。2006年即向上海市教委、市新闻出版局提出创办《上海建桥学院学报》申请,在市教委、市新闻出版局的大力支持下,批复同意刊印连续性内部资料(沪新出版〔2006〕191号),准印证号为(K)0570,但根据当时的规定,刊名不能称"学报"或"学刊",只能用《上海建桥学院教学与研究》为刊名。自2006年创刊以来,至2013年底,作为季刊,已印刷29期。学校聘请全国教育类著名核心期刊《教育发展研究》原主编、副主编为办刊负责人,严格遵守内部出版物的管理规范,精心办刊,实行三审三校制,把好政治关、质量关、文字关。办刊八年,逐步形成以"民办教育研究"为特色的品牌栏目。统计表明,每年都有许多教师在《上海建桥学院教学与研究》上发表的论文后来都能在公开刊物上发表,刊物的确起到"对内促进教师科研,对外扩大学院声誉的作用"。《上海建桥学院教学与研究》在全国民办高校优秀学报的三次评选中,第一次(2009年)被评为"全国民办高校优秀学报一等奖",第二次(2011年)、第三次(2013年)均被评为"全国民办高校十佳期刊"。

1998年新闻出版署在《关于建立高校学报类期刊刊号系列的通知》中规

---

* 本文为2014年上海市人大提案。

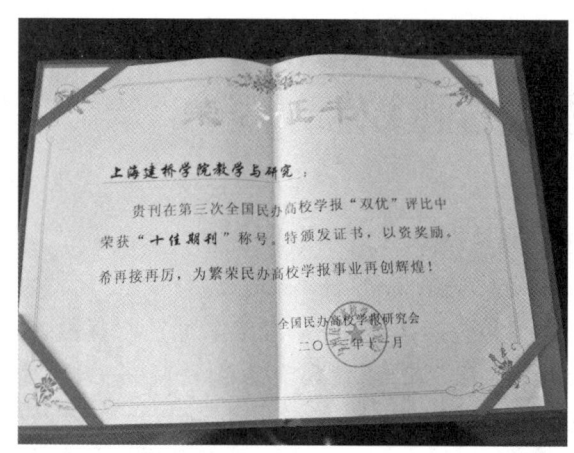

◎《上海建桥学院教学与研究》荣获全国民办高校学报十佳期刊荣誉证书

定,内部学报转为正式学报的条件包括:学校创办十年(含十年)以上的;省级新闻出版管理部门审批创办五年(含五年)以上的内部学报;学报有校领导或学科带头人担任主编或编委会主任,两名以上有高级职称人员专职组成的学报编辑部;学报刊登的稿件,2/3以上是本校学术、科研论文或信息;学报名称应冠以学校全称。对照这些条件,《上海建桥学院教学与研究》已具备由内部学报转为正式学报的基本条件。

环视全国民办高校,已经有四家的学报有正式刊号(如《黄河科技大学学报》、《浙江树人大学学报》、《北京城市学院学报》),而上海作为中国民办教育发达地区,却没有一所民办高校的学报有正式刊号,这似乎与上海在全国的地位并不相称。民办高校学报没有正式刊号,不是正式出版物,教师发表的论文不算科研成果,不能成为教师科研考评、晋升职称的依据,学报对教师教学与科研的促进作用不能真正发挥,学报本身也难以真正办好。

还有其他省市民办高校学报虽是内部刊物,但都能冠名"×××学院学报",唯独上海不可以称"学报"或"学刊"。学校的学术期刊如果连冠名"学报"都不允许,仅能冠名"教学研究"、"教学与研究",则不能涵盖高校学术研究的全面性、综合性、多科性,也与高校学报刊名传统性、习惯性、通用性不相适应,导致民办高校学报的地位更低,作用更难发挥。

国家中长期教育改革和发展规划纲要指出,"民办教育是教育事业发展的重要增长点和促进教育改革的重要力量","各级政府要把发展民办教育作为重要工作职责","要清理并纠正对民办学校的各类歧视与政策"。因此,我建议:

上海是全国改革的领头羊,希望上海出版管理部门思想更解放一点,对民办高校的学术刊物支持力度更大一点,允许获批内部准印证的民办高校学术刊物能像兄弟省市一样可冠名为"学报"。

在政策许可民办高校学报符合由内刊转为正式刊物的准入条件时,及时将这些学校的学报批准为正式出版物。

关于协调解决上海高校宿舍
多终端上网的建议[*]

近年来,高校学生已成为中国网民的主力军。目前,上海各高校都在加快建设信息化校园,上网对高校学生尤显重要。比如,现在不少高校的教学都要求学生网上选课、下载教学课件、提交作业、在线考试、查询考试成绩等。同时,学生课后也要上网搜索资料、资讯,及时掌握各种信息。随着智能手机、平板电脑的普及,每名学生的上网终端也不仅仅是一台电脑,还有手机、平板电脑等。《上海市推进智慧城市建设2011—2013年行动计划》重点专项任务中的一项就是:采用"数字课程资源+移动学习终端+教育服务平台"的模式,开展数字化教学试点,促进课程、教学和学生学习方式改革,实现学生自主便捷、高效和个性化学习。此外,学生课余生活也都离不开网络。

目前,上海高校的在校生规模已超过60万人,在给上海高校学生提供上网服务的几家运营商中,由于种种原因,多数学生只能选择中国电信。很多高校学生尽管几人同住一间寝室,还是要每人分别购买宽带服务,因为中国电信上海公司规定,"未经中国电信上海公司同意,使用超过规定数量的电脑同时上网的,中国电信上海公司不保证通信质量,并有权中止客户宽带账号的接入服务"。比如,2013年中国电信上海公司推广的高校校园上网套餐是10 M带宽59元/月(含每月19元手机费,但大多数学生办理此套餐前大都已经有一个手机号,电信的这个手机号几乎用不到,59元相当于只是上网费用),一个账号只能供一台电脑(终端)上网,否则会出现蓝屏、网络无法使用。如果一个寝室有四名学生,则每个寝室每月上网费用就需支付236元,这不但极大地增加了学生的生活开支,也阻碍了学校的信息化进程。在实际使用中,每月59元的10M带宽也达不到中国电信承诺的网速。

有学生致电中国电信,询问因何一个账号只允许一台电脑上网,得到的解释是"因国家规定要实名上网"。正如中国电信允许家庭多终端上网是因为家庭比较可控,高校寝室多终端上网也是比较可控的,因为学校可以借助IP管理的手段来进行身份识别。

---

[*] 本文为2014年上海市人大提案。

中国电信上海公司限制终端数的规定已造成众多学生对学校的误解、对中国电信的不满。在网上各高校的贴吧及论坛中反复出现学生的怨言,这不仅不利于构建和谐校园,而且会影响正常的教学秩序。上海不少高校都存在此类问题。

部分学生出于网络安全、网络速度考虑,可独自购买宽带服务。根据调查,目前大部分学生出于经济成本考量,希望能够分摊上网费用。因为事关几十万学生的切身利益,建议由政府部门出面和中国电信上海公司协调,解决上海高校宿舍多终端上网的问题。具体建议如下:

上海一般本科生宿舍是4～6人/间,研究生宿舍是2～4人/间,可以参照家庭宽带业务标准,即:"使用家庭宽带业务,可支持家庭内最多四台电脑终端同时上网,共享套餐带宽",如果照此标准,可以减少学生的上网费用,降低学生的生活成本。前面提到的59元校园套餐,如果一个账号可以供同寝室内四名学生共同使用,则人均上网费用就不足15元/月。

关于完善上海地铁 16 号线运营方案的建议*

随着 2014 年 12 月 28 日地铁 16 号线罗山路站至龙阳站的贯通,该条地铁线路作为承接上海市区到临港新城的主要交通工具,所发挥的作用越来越大。为了提高市区到临港的往返效率,2014 年初曾试行过一段时间大站车,但后来因客流快速增加而恢复成站站停,最近又因客流激增在高峰时段开通了大站车。鉴于以下两个原因,建议 16 号线能继续保持大站车常态化,甚至开通直达车。

一是发展临港新城的需要。发展临港是上海市的一大战略,随着上海自贸区管委会迁驻临港,上海极地海洋世界、上海国际影视城等一批重大功能性项目在临港开建,未来的临港新城将成为上海市的又一张名片、又一颗明珠,到临港工作、居住、休闲将成为越来越多人的选择。开通大站车,不仅方便临港地区工作或生活的人群,还能吸引更多人到临港旅游度假。

二是临港大学城师生的共同呼吁。滴水湖畔的临港大学城现已有上海海洋大学、上海海事大学、上海电机学院三所高校师生约 3.7 万人;随着今年 9 月上海建桥学院入驻,临港大学城师生员工将达五万人;不久的将来,上海电力学院入驻将使大学城师生员工超过六万人。大学城教师上下班、学生到市区实习实训,最便捷的方式就是乘坐 16 号线。开通大站车、直达车,将极大方便大学城师生员工的出行。

尽管大站车、直达车会导致个别站点大量乘客聚集,但只要采取合理措施,就能有效解决拥堵问题。具体措施建议如下:

一是优化车厢座椅设置方式。16 号线采用横排双座,每节额定载客 260 人。而同样型号的 1 号线采用直排单座,每节额定载客 310 人。如果将横排双座改为直排单座,将大大提高运能。地铁运营公司也表示,当运能紧张时,横排座椅可以拆换,扩大车内站立空间,增加载客量。

二是增加车厢。16 号线目前采取三节编组。根据规划,在高峰时段客流激增时,三节编组列车可以快速增开为六节编组,按照设计指标该编组可满足

---

* 本文为 2015 年上海市人大提案。

50万人左右的日均客流量,而现在16号线日均客流量为十万人左右。只要车厢从三节编组改为六节编组,16号线的运能将极大增加。

三是高峰时段提高发车频次。目前16号线高峰时段采用"三节编组八分钟间隔"的低运能客流方案。16号线采用国内最先进的阿尔斯通信号系统,该系统已在北京、上海、深圳、昆明、武汉等城市地铁线路使用。比如,采用该系统的北京地铁2号线即在高峰时段控制发车间隔为两分钟左右,以解决运量不足问题。从技术上说,16号线在高峰时段提高发车频次是可以实现的。

综上所述,只要多措并举提高16号线的运能,该条线路完全可以在高峰时段开通大站车甚至直达车,以方便往返市区和临港之间的各类人群。

关于引进台湾高校师资弥补上海民办高校优质师资不足的建议*

基 本 背 景

我国台湾地区高等教育普及率高,高等教育资源丰沛,教师队伍结构合理、素质优良,不少高校具有博士学位的教师比例都在80%左右(据了解,2010年以来,台湾地区每年新增的博士生就超过三万名),且大部分具有海外进修背景和产业实务经历,高学历加上丰富的实践经历使台湾高校教师具备很强的技术运用和创新能力。与此同时,台湾地区少子化的趋势愈演愈烈,台湾高校普遍面临生源不足的危机。预计到2022年,台湾高校招生人数将由如今的27万人缩减至19万人,这就意味着未来几年台湾高校教师资源的过剩已成为必然趋势。

上海现有民办高校18所,不论是学校数还是学生规模数,均已表明民办高等教育已成为上海高等教育的重要组成部分。由于种种原因,目前民办高校教师队伍很不稳定,部分青年教师评上副高职称后往往会选择跳槽至公办高校。随着近几年上海公办高校办学经费不断增加,教职工收入不断提升,尤其是骨干教师激励计划、"高原高峰"学科建设计划的推出,进一步扩大了公办高校教师和民办高校教师之间待遇的差距,民办高校建立一支优秀、稳定的师资队伍的难度不断加大,在一定程度上影响了民办高校办学质量的提升。

可 行 性 分 析

未来台湾高校师资的过剩冗余,为弥补上海民办高校优秀师资的匮乏提供了非常好的契机。上海可以加快谋划,建立从台湾高校引进优秀师资的机制,来助推上海民办高等教育的发展。对上海而言,此举可行性很高。

首先,上海作为国际大都市对台湾高校教师具有较强吸引力。上海是国际知名的大都市,城市建设愈加现代化、便利化,法制环境、社会环境不断优化,对

---

* 本文为2016年上海市人大提案。

台湾同胞有较强吸引力,上海及其周边地区目前已成为台资企业聚集的地区。同时,上海与台湾的直线距离只有 600 公里左右,直飞台北的时间只需两三个小时,相对其他省份而言更具吸引力。

其次,台湾高校的师资成本普遍不高。台湾高校教师的薪酬待遇总体上处于较为平均的水平,如教授年薪 120 万台币(约为 30 万人民币)左右,副教授年薪 100 万台币左右,助理教授年薪 80 万台币左右。可以说台湾高校教师的薪酬待遇与上海市属高校教师的薪酬待遇相比,已不具备明显优势。

最后,国内不少省市或高校在引进台湾师资方面已作出积极有益的探索。据了解,目前福建省已有 69 所高校与台湾高校签署了 500 余份合作交流协议,仅 2015 年该省就引进 132 名台湾优秀师资,为该省高等教育质量的提升做出积极贡献,该省目前已计划在 2016 年继续引进 200 名左右的台湾全职教师,每引进一人政府每年拨付十万人民币配套资金予以支持。再如,北京理工大学珠海学院专门制定招聘公告,从薪酬待遇、社会福利、生活保障等方面作出较具吸引力的规定,吸引台湾高校教师来校任教;广州中山大学南方学院目前来自台湾地区的教师已将近 50 名,占全校教师近一成,在学校改革发展中发挥了非常重要的作用。

具 体 建 议

上海作为对台交流的重要省市之一,从引进台湾高校师资这一突破口切入,也许能在深化沪台交流方面取得更加积极的成效,其政治意义、社会意义非凡。为此,建议由教育部门牵头,会同台办、人保、财政等相关部门,建立吸引台湾高校教师来沪任教的相应机制。

一是建立沪台师资信息交流平台及中介组织,将上海民办高校的师资需求信息和台湾高校富余的优质师资信息对接起来,引导本市有需求的民办高校提前制定好引才计划。

二是制定《沪台高校师资联合培养计划实施方案》,利用从台湾引进的高层次、高学历人才培养上海民办高校现有师资,提高上海民办高校教师队伍的专业水平、创新能力和实践教学能力。

三是从居住证、社会保障、教育、医疗等基本民生方面,以及从职称评定、证书认定等方面为台湾高校教师来沪任教创造更多便利,帮助部分教师"落地生根"。

四是建立政府专项资金,对从台湾高校引进的优秀师资,实行民办高校给一点、财政资金贴一点的做法(建议财政资金承担部分不低于四分之一),减轻民办高校的经费压力,增强上海民办高校从台湾引进优秀师资的积极性。

关于在二次供水环节加强供水水箱改造的建议[*]

现　　状

上海的自来水供应由水源、水厂、管网和二次供水四大环节组成。目前,市中心城区有大片老旧住宅小区因建筑材料标准较低或年久老化等原因,导致自来水浑浊度、色度和铁离子等指标时有超标,自来水二次污染现象不容小觑。有鉴于此,市委市政府高度重视二次供水设施改造,并作为一项民生实事工程加快推进。比如,2007年结合"迎世博600天行动计划",完成了近6 000万平方米的二次供水改造工作;在今年发布的《上海市加强住宅小区综合治理三年行动计划(2015—2017)》中又提出,2015—2017年要实现每年完成2 000万平方米左右老旧住宅二次供水改造的目标。但在调研中发现,二次供水改造由于没有妥善处理好供水水箱污染问题,导致饮用水依然存在安全隐患。

问题与原因

老旧住宅供水水箱主要存在以下几个问题:一是余氯量不足,导致红虫等微生物滋长,对人体健康造成危害;二是水箱内壁多为混凝土或瓷砖,前者表面粗糙,易滋生藻类,后者表面釉层含有铅、镉等重金属致癌物质,对人体危害极大;三是浊度与色度超标,明显高于管网水和出厂水。

造成上述问题出现的原因主要有两个方面。

第一个方面是供水水箱设备不符合标准。老旧住宅水箱多为混凝土结构(易滋生有害微生物),2007年第一轮改造中使用的技术为内贴瓷砖。但是,内贴瓷砖无法对水箱顶部进行改造,且传统瓷砖表面多含有害物质,在实际施工过程中难以检验和控制,容易出现以次充好。再加上瓷砖拉伸性弱,不具备抵抗墙体开裂沉降的能力,在实际调研中曾发现大量内贴瓷砖脱落。

第二个方面是日常维护保养不达标。混凝土供水水箱或内贴瓷砖水箱在

---

[*] 本文为2016年上海市人大提案。

清洗过程中需要对内壁反复刷洗,维护难度较大,且耗时较长、成本较高,相关单位又不愿承担,从而造成供水水箱不能及时按标准清洗的问题。

解决问题的建议

一是使用新技术、新材料。日本、韩国等国家在二次供水改造中早已摒弃瓷砖内贴等老旧技术,普遍采用食品级PE内衬。因为PE内衬具有安全卫生、施工质量易控制、使用寿命长、抗沉降、维护成本低等优势,比较符合我国国情、上海市情。

二是建立联席会议制度。建立各区县水务部门、城建部门、住房保障部门、上海市城市建设投资开发总公司等单位参加的联席会议制度,严格按照市水务局、市住房保障和房屋管理局印发的《上海市居民住宅二次供水设施改造工程技术标准(修订)》(沪水务〔2014〕973号)执行,严格把关施工材料,严格监控施工过程。

三是完善后期维护机制。改变前期物业企业、供水企业分割管理的体制,进一步明确责任,建立专业的维护清洗消毒队伍,加强专业队伍的卫生知识培训,确保持证上岗,规范工作程序,实现定期清理,切实保障居民饮用水安全。

关于加快民办高校教师队伍博士化的建议*

近年来，在上海市政府和相关部门的支持下，尤其是得益于财政扶持力度的不断加大，上海民办高校的办学条件不断改善，办学水平稳步提高。值得警醒的是，由于身份、待遇等各项因素制约，师资队伍建设始终是民办高校的薄弱环节，其中博士化问题尤为严峻。据了解，上海民办高校教师队伍中具有博士学位的教师占比仅为5.6%，远远低于公办高校水平，成为民办高校教学科研水平提高、社会服务能力提升的重要阻碍。上海民办高校教师队伍博士化的任务异常艰巨、任重道远，建议从"增量"和"存量"两个环节着手。

在增量方面，要分析民办高校博士引进难的成因。这里主要有两个积极性不高的问题：部分民办高校受限于经费问题，对引进博士的积极性不高；博士对民办高校的待遇、发展空间等存疑，对到民办高校发展的积极性不高。为此，建议教育部门一是综合运用强制和激励工具，一方面规定博士化比例的最低下限，明确民办高校博士化的最低要求，另一方面鼓励民办高校新进教师名额向博士倾斜，对博士化进程较好的高校予以奖励。二是关心博士在民办高校的待遇和发展问题，一方面在政府扶持资金中专项专列，对在民办高校工作达到一定年限的博士予以奖励，同时为民办高校博士教师的科研创造更多的机会和更大的平台；另一方面通过组建民办高校博士联谊会等机制，促进民办高校博士之间的相互交流，及时了解民办高校博士教师面临的困难与问题。

在存量方面，要分析民办高校青年教师读博难的成因。上海民办高校师资队伍的年龄结构长期存在"哑铃型"问题，即"中间小、两头大"，退休返聘的老教师和硕士刚毕业的年轻教师居多。民办高校博士教师中有相当部分是通过在职攻读博士研究生的方式完成学历提升，但随着近年来"985"、"211"高校陆续关闭在职攻读博士研究生的通道，民办高校大量只具备硕士研究生学位的中青年教师纷纷面临学历提升无门的尴尬，少量仍招收在职博士研究生的高校也存在"僧多粥少"的问题，竞争异常激烈。为此，建议由教育行政部门出面，一方面协调部分"985"、"211"高校开设一些面向民办高校的博士专班，帮助民办高校

---

* 本文为2017年上海市人大提案。

消化历史存量,另一方面可通过中外合作的途径,由政府部门牵头与海外院校合作,通过比较灵活的学制安排与课程计划,帮助民办高校中青年教师提升学历,在经费处理上可以采取政府资助一点、学校补贴一点、个人承担一点的方式进行。

当然,教师队伍博士化问题的解决关键在于民办高校自身。只有民办高校意识到博士化问题的重要性,政府层面再加以引导鼓励、创造机会,民办高校教师队伍博士化的进程才能不断加快。

关于采取切实有效措施遏制外卖污染的建议*

建 议 背 景

如今,越来越多的人习惯通过手机 APP 或者电话叫外卖送餐,但很少有人知道外卖垃圾造成的环境污染究竟有多么严重。据艾媒咨询数据显示,2017 年中国在线餐饮外卖市场规模有望突破 2 000 亿元大关。假设每单消费平均以 20 元计,2017 年外卖订单量将达 100 亿单;假设每单外卖包装平均以 70 克计算,2017 年消耗掉的外卖包装大约为 70 万吨。

外卖包装主要包括餐盒、餐具和包装袋。餐盒主要分为泡沫塑料餐盒、纸质餐盒、普通塑料餐盒等几类。普通塑料餐盒、餐具的主要成分是聚丙烯,包装袋的主要成分是聚乙烯。不论是聚丙烯还是聚乙烯,均是不可降解的普通塑料,也是造成"白色污染"的主要污染物。由于外卖包装质量不一,而且一般夹杂生活垃圾,回收利润低,现在主要的处理方式是填埋和焚烧。然而,填埋会占用大量土地资源,影响土壤和地下水环境;焚烧则会产生有毒有害气体,对大气环境产生不利影响。这种影响会随着外卖业的发展越来越严重。

成 因 分 析

首先,从污染源头来说,公众消费习惯短时期内难以改变。公众的消费习惯要改变,绝非朝夕之功。按照主要网络外卖平台公布的日订单量,"美团外卖"日均超过 1 300 万单,"饿了么"日均约 900 万单,"百度外卖"以市场份额推算约为 200 万单。有环保组织研究分析发现,平均每单外卖会消耗 3.27 个一次性塑料餐盒(杯),以此计算,这三家平台每天将产生近 8 000 万个一次性餐具。这还不包括其他网络外卖平台和传统餐饮门店产生的一次性餐具。部分外卖餐饮商家的过度包装、豪华包装又在一定程度提高了塑料餐具的使用数量。减少一次性餐具,网络外卖平台尝试的做法很有限。比如,"饿了么"在订

---

* 本文为 2018 年上海市人大提案。

餐页面设计了"不要筷子"、"不要勺子"、"不要牙签"等选项,让有环保意识的消费者勾选。但最关键的塑料餐盒因为成本或消费习惯却无法替代。

其次,从循环中末端来说,废塑料回收价值不高。如果废塑料能够作为再生资源进入循环利用体系,污染问题就能得到一定程度遏制。由于废塑料价值低,收运和处置成本越来越高,导致越来越多的一次性塑料餐具被扔进垃圾桶,无人问津。近几年,长三角地区几家集中处置废塑料的下游企业陆续关停,导致上海周边几乎找不到废塑料下家。使用过的一次性餐具等废塑料无法进入正规的循环利用体系,许多外卖一次性餐具就混入生活垃圾,进入垃圾处理系统,加重城市运行的负担。

政 策 建 议

一是加强外卖平台的管理。网络外卖平台过去多年的爆发式发展,客观上给城市运行和环境生态增加了巨大压力,从这个角度而言,网络平台在遏制外卖污染方面有着不可推卸的责任。我国国民经济和社会发展"十三五"规划纲要提出,要"实行生产者责任延伸制度"。这项制度放到网络外卖平台实施,就意味着他们不能卖掉餐食就完事,要为餐具的回收利用买单。建议在网络外卖业实行信息披露制度,让它们定期公开一段时间内消耗的餐具数量,通过社会舆论倒逼外卖企业主动采取措施。我国《环保法》中已有类似的信息披露要求,重点排污单位应当如实向社会公开其主要污染物的名称、排放方式、排放浓度和总量、超标排放情况,以及防治污染设施的建设和运行情况,接受社会监督。在某种程度上,网络外卖平台也可被视作"重点排污单位",信息披露是它们应尽的责任。

二是重视以科技手段遏制污染。建议上海市政府及相关部门可以通过政策激励、财政扶持、产业引导等方式鼓励企业或科研院所在以下两个方面着力:一方面是废塑料再利用,鼓励相关企业和科研机构通过科技创新,提高废塑料再生后的附加值,实现废塑料行业清洁化、规模化、高值化发展,让废塑料的收运和处置体系有利可图,促进废塑料回收市场健康运转;另一方面是研发低成本可降解的替代品,用低成本可降解的一次性餐具取代原先不可降解的一次性餐具。

三是引导消费者习惯改变。外卖行业爆发式增长的主要原因是找到了市场的痛点,越来越多的年轻人、上班族通过外卖的方式解决一日三餐。建议政府部门加强舆论引导,一方面是加强外卖污染的宣传,一方面积极倡议消费者减少外卖服务次数。

关于建立高校学生伤害纠纷第三方处置机制的建议[*]

现　　状

近年来,随着高校教育事业的发展,办学规模日益扩大,高校学生在校发生意外的事件时有发生,引起了各级政府和高校高度重视。为处理学生在校内发生的意外事故,学校、公安、教委、涉事家属等层面在进行沟通协商过程中,家长要求学校承担赔偿责任的事件时有发生,在明确事故法律责任的前提下,还经常遇到家属的不理解,家属认为教委与学校是一家的,会有偏袒成分,从而与学校和教委产生敌对的情绪,做出过激的行为,牵涉了学校大量的精力,还影响了学校的声誉。如何明确学生伤害事故中的法律责任,切实维护学校和学生的合法权益,扭转学生伤害事故困扰学校的局面,妥善处置学生非正常死亡事件,维护高校稳定和社会安定,就成为一个具有重要意义的现实问题。

问题与原因

在发生校园意外伤害事故的时候,学生本人及其家庭要承受巨大的痛苦,学校在面对如何妥善处理和调节方面也承受巨大的压力。单以学校之力处理学生伤害纠纷的协调,主要会产生以下问题：一是学校对法律责任的认定,家属常常不接受、不理解；二是学生伤害纠纷无法快速妥善处理,对学校办学秩序产生极大影响；三是学校对学生在校意外事故的赔偿费用或人道抚恤费用缺乏一定的标准,从而无法与家属达成一致。

造成上述问题出现的原因主要有两个方面：一是涉事家属对学校、教委缺乏信任和理解；二是缺乏权威第三方机构的责任认定和调解,导致矛盾升级。

---

[*] 本文为2018年上海市人大提案。

解决问题的建议

建议建立由公安、法院、教委等关键部门组成的高校学生伤害纠纷第三方处置机制,健全学生伤害纠纷第三方人民调解和保险补偿机制,是解决学生伤害纠纷的有效途径。

第三方处置机制可借鉴医疗纠纷第三方处置机制,根据人民调解的有关法律规定,设立学生伤害纠纷人民调解委员会,负责学生伤害纠纷的人民调解工作。一旦出了事故,就由该组织以完全中立的角度进行法律责任的解释与说明,并在学校和家属双方之中进行调解,从而保障学校、学生双方的合法权益。同时,可以探索建立学校综合保险制度和学生伤害专项援助基金制度。

关于加强上海学前教育
男幼师队伍建设的建议*

根据上海幼儿园男教师沙龙公布的数据,截至2016年6月,上海共有428名男幼师,占据上海幼师总比例的1‰。随着学前教育的改革与发展,社会各界普遍意识到幼儿园男幼师的重要性和不可替代性,男性介入学前教育领域是必然的发展趋势。

心理学家指出,男幼师对幼儿的思维方式、性格塑造、处理问题的态度手法等有很大影响,甚至在某些方面的知识相对比女幼师更为开阔。所以,男女幼师相互取长补短、合理搭配,会对幼儿成长更有利。

我国研究儿童认识与脑功能发展的沃建中教授认为:"幼儿园聘任男教师是个很重要的举措,幼儿时期是心理、人格等发展的关键阶段,是孩子进行模仿学习的年龄段,如果男孩子在这一阶段接触的都是女教师,那么他们就会有女性化的倾向,甚至独立能力差、意志薄弱、缺乏冒险精神。"

尽管男幼师的重要性日益凸显,但现实中幼儿园普遍存在男幼师招聘难、留不住等问题。分析其原因,主要有三个方面:一是幼师的潜在招聘对象数量不足,目前高等院校中学前教育专业的男学生数量极低;二是幼师的待遇不够高,由于男性教师要背负较大的家庭责任,在上海这座生活成本高企尤其是房价较高的城市,目前幼师的待遇水平不具备足够的吸引力;三是男幼师很难取得公众在职业选择上的普遍认可,职业认同感不够高,容易产生心理压力,不容易产生职业上的成就感和满足感。

鉴于男幼师在幼儿教育领域的重要作用,建议从以下几个方面着手加强男幼师队伍建设:

一是加强男幼师的人才培养。利用华东师范大学、上海师范大学等高校的专业优势,采取奖学金等形式鼓励男生报考学前教育专业。

二是提高男幼师的入职待遇。对在幼儿园工作的男幼师,提高待遇标准,并给予从教奖励,工作积累一定年限的给予一次性奖励。

三是改善男幼师的工作环境。在评优评先中对男幼师予以倾斜,在舆论宣

---

* 本文为2018年上海市人大提案。

传上加强对男幼师的宣传,增强男幼师对自身工作的认同以及社会对男幼师的身份认同,从而提高男幼师的自豪感和成就感。

四是设立学前教育男幼师培训专项经费,并且灵活安排培训内容及形式,为男幼师的职业发展和能力提升提供更广阔的平台。

关于优化民办高校年度
检查工作的建议[*]

近年来,上海在促进民办教育发展方面下了很多功夫,如在全国率先设立政府扶持专项资金,有力提升了本市民办高校内涵建设水平。同时,上海通过年度检查工作加强对民办高校的监管,在一定程度上进一步规范了民办高校的办学行为。但自2018年开始,上海市教育部门采用新的年检指标体系和操作办法,不少民办高校的举办者和办学者都认为该指标体系繁琐复杂,年检过程费时费力,不利于促进民办高校安心办学。

当前年检指标和年检工作存在以下几个问题。

一是缺乏充分的意见征求环节。新的年检指标体系在研制过程中未到民办高校进行深入调研,未充分征求举办者和办学者的意见,仅在即将出台时书面征求过一轮意见,最终也基本未采纳民办高校反馈的意见和建议。

二是指标更多是照抄政策文件。新的年检指标体系几乎吸收了所有规范性、约束性的法律法规、政策文件条文,未充分考虑有些政策条款已不合时宜,也未考虑公办高校和民办高校之间的差异性。比如,仍将生均占地60平方米纳入年检指标,该指标即便是公办高校也有很多未能达标;近几年来,包括公办高校在内的各类高等院校都在积极建设电子图书资源,但年检指标仍将生均图书100册的要求纳入。

三是重视合规审查、忽视绩效引导。新的年检指标体系基本是合规性指标,缺乏绩效型指标,以约束性指标为主,鲜有激励性指标,所呈现的管理思维和工作思路,更多的是审查民办高校是否达到各项制度规范的要求,而不是引导和激励民办高校提升内涵建设水平。

四是指标升级制度存在不合理性。在指标体系中,对于除涉及房地产以外的其他指标,若当年评判为"不达标",且在下一次年度检查前未改善,则相应指标逐年升级,即:"一般指标"升级为"重点指标","重点指标"升级为"关键指标"。其中,"关键指标"即一票否决性指标,有一项关键指标不达标,年检结论即为"不合格";"重点指标"以不达标总数与检查结论关联,即超过五项未达标

---

[*] 本文为2019年上海市人大提案。

的学校，年度检查结论不优于"基本合格"，超过十项未达标的学校，年度检查结论为"不合格"。据了解，不少民办高校都存在几项每次年检都不符合要求的指标，这些指标之所以多年无法达到要求，背后有各种复杂的历史和现实因素，若动辄上升为"关键指标"，将导致不少民办高校的年检结论从"合格"变为"不合格"。而年检结果又直接与招生计划、财政扶持、项目申报、举办者资质等挂钩，这样的指标升级办法会直接影响民办高校健康、稳定、有序地办学。

五是民办高校面临多头重复检查。民办高校除了接受年检，还要接受各种条线检查或专项督查，如党建督查、思政工作专项督查、专业评估、本科合格或审核评估等，有不少检查都与年检内容重复，呈现多头检查、重复评价的问题。

当前，国家和地方政府都在积极推进简政放权，倡导放管结合优化服务。近几个月来，中央和地方更是频频强调要优化营商环境，激发民间力量。为此，建议从进一步优化民办高校办学环境的角度出发，完善现行年度检查指标体系，优化现行年度检查工作。

一是简化年检指标体系。现行年检指标内容高达60项，建议探索建立负面清单管理制度，并以负面清单形式引导和规范民办高校办学行为。同时，适当增设一些激励性、绩效型的年检指标，对办学成绩突出、获得重大荣誉的民办高校，应予以一定奖励，使年检指标凸显正向激励。

二是综合分析往年结论。教育主管部门要综合分析全市民办高校历年的年检结论，结合各民办高校实际，帮助民办高校共同研究解决一些长期得不到解决的问题，避免因部分指标因长期无法解决而升级为"关键指标"，导致年检结论"不合格"。

三是合并相关专项检查。建议教育主管部门抓紧研究，合并各条块的专项检查，综合各项检查指标，形成一个综合性的年检制度，将其他条线已有的检查指标（如高基报表、状态数据库、上海市民办高校教师信息数据库等）从年检指标体系中去除，以切实减轻高校负担。

四是慎重使用年检结论。根据2018年度上海市民办高校年检办法，年检结论一共有六大使用去处，包括信息公开、招生计划、财政扶持、项目申报、举办者资质和补偿奖励等。在这里，每一项都事关民办学校的长远发展，为此需要审慎对待。此外，还需要对诸如"年检不合格，学校不得申报竞争性项目"的内涵作出明确的界定。建议出台这样的办法之前，能经过一定形式的听证等程序，做到有法可依、依法行政。

图书在版编目(CIP)数据

廿年磨剑:我的办学心路与感悟/周星增著. —上海:复旦大学出版社,2020.6
ISBN 978-7-309-15026-1

Ⅰ.①廿… Ⅱ.①周… Ⅲ.①社会办学-中国-文集 Ⅳ.①G522.74-53

中国版本图书馆 CIP 数据核字(2020)第 075850 号

廿年磨剑:我的办学心路与感悟
周星增 著
责任编辑/梁 玲

复旦大学出版社有限公司出版发行
上海市国权路 579 号 邮编:200433
网址:fupnet@fudanpress.com http://www.fudanpress.com
门市零售:86-21-65102580 团体订购:86-21-65104505
外埠邮购:86-21-65642846 出版部电话:86-21-65642845
上海盛通时代印刷有限公司

开本 787×1092 1/16 印张 13.5 字数 242 千
2020 年 6 月第 1 版第 1 次印刷
印数 1—10 300

ISBN 978-7-309-15026-1/G·2113
定价:39.00 元

如有印装质量问题,请向复旦大学出版社有限公司出版部调换。
版权所有 侵权必究